Andrej Richter

Das Schulwesen der Wolgadeutschen zwischen 1762 und 1917

Allgemeine Entwicklungen und Hindernisse

2016

Bibliografische Information der Deutschen Nationalbibliothek:

Die Deutsche Nationalbibliothek verzeichnet diese Publikation in der Deutschen Nationalbibliografie; detaillierte bibliografische Daten sind im Internet über http://dnb.d-nb.de abrufbar.

Impressum:

Copyright © 2016 Studylab

Ein Imprint der GRIN Verlag, Open Publishing GmbH

Druck und Bindung: Books on Demand GmbH, Norderstedt, Germany

Coverbild: ei8htz

Inhaltsverzeichnis

Inhaltsverzeichnis 1

1. Einführung 2
    1.1. Themenstellung   2
    1.2. Gang der Untersuchung und Forschungsstand   3
2. Die Anfänge der deutschen Ansiedlung in Russland 6
3. Die Europäisierung des russischen Bildungswesens in der petrinischen Zeit 9
4. Das bestehende russische Schulwesen im 18. Jahrhundert 12
5. Das wolgadeutsche Schulwesen 15
    5.1. Besiedlung des Wolga-Gebiets durch Deutsche   15
    5.2. Ausgangslage und schwere erste Jahre im Siedlungsgebiet um Saratov   19
    5.3. Organisation und Aufbau der ersten Schulen durch die Kirche   23
    5.4. Die drei wolgadeutschen Grundschultypen   26
        5.4.1. Kirchenschulen   26
        5.4.2. Private Gesellschafts- und Genossenschaftsschulen   29
        5.4.3. Staatliche deutsche Zemstvo-Schulen   31
    5.5. Die Schulmeister   32
        5.5.1. Schwere erste Jahre   32
        5.5.2. Feßlers Reformen   36
        5.5.3. Kampf um Lehrerseminare   40
    5.6. „Russifizierung" des Schulwesens   44
    5.7. Das katholische wolgadeutsche Schulwesen im Besonderen   48
6. Zusammenfassung 51
Bibliographie 54

1. Einführung

1.1. Themenstellung

Die Deutschen in Russland blicken auf eine lange Geschichte zurück. Bereits im 9. Jahrhundert sind erste vereinzelte deutsche Spuren aus der damaligen Kiever Rus' überliefert.[1] Im späten 18. und frühen 19. Jahrhundert trafen schließlich große Gruppen deutscher Kolonisten im Russischen Reich ein. Die Deutschen verfügten dabei über kein „angestammtes Territorium, sondern lebten in verschiedenen Teilen des Landes".[2] Größere Fraktionen von deutschen Siedlern gab es in und um Moskau sowie St. Petersburg, in Bessarabien, in den baltischen Provinzen, im Gouvernement Voronež, im Kaukasus, im Schwarzmeergebiet, in Sibirien, in Wolhynien und in den beiden Gouvernements Samara und Saratov am rechten und linken Ufer der Wolga[3].

Diese Arbeit befasst sich mit letzterer Gruppe, den von Katharina II. in den beiden Manifesten vom 14. Dezember 1762 und 22. Juli 1763 an die Wolga gerufenen Siedlern und damit der zahlenmäßig größten deutschen Kolonie in Russland.[4] Dabei ist der Entstehungs- und Entwicklungsprozess des Schulwesens innerhalb der deutschen Minderheit im Wolga-Gebiet zwischen den Jahren 1762 und 1917 spezifischer Gegenstand dieser Untersuchung. Die Gestaltung des Schulunterrichts bildete seit der Einwanderung der Wolgadeutschen[5] eine „der wichtigsten Fragen des Gemeinschaftslebens der Kolonisten".[6] Die Entwicklung des Schulwesens ging dabei stets „Hand in Hand" mit dem wirtschaftlichen Fortschritt in den Siedlungen der Deutschen.[7] Diesem Prozess wird vor dem Hintergrund des auslaufenden 18. Jahrhunderts bis zum Beginn des 20. Jahrhunderts mit Hilfe folgender zwei Leitfragen nachgegangen.

---

[1] Vgl. Längin, B. G., Die Rußlanddeutschen unter Doppeladler und Sowjetstern (1992), S. 16-17

[2] Vgl. Dahlmann, D./ Tuchtenhagen, R., Zwischen Reform und Revolution (1994), S. 9.

[3] Bei der Schreibweise des Flusses Wolga soll hier abweichend von den Regeln der Transliteration (*Volga*) die eingedeutschte Schreibweise *Wolga* verwendet werden. Das gilt ebenso für Namen: Peter (Pëtr), Katharina (Ekaterina).

[4] Vgl. Dahlmann, D./ Tuchtenhagen, R., Zwischen Reform und Revolution (1994), S. 9; Schippan, M., Der Beginn der deutschen Rußlandauswanderung im 18. Jahrhundert, S. 52.

[5] Im Russischen немцы Поволжья оder Поволжские немцы.

[6] Eisfeld, A., Die Russland-Deutschen (1992), S. 61.

[7] Süss, W., Das Schulwesen der deutschen Minderheit in Russland (2004), S. 153.

1. Wie ist die allgemeine Entwicklung des wolgadeutschen Schulwesens von 1762 bis 1917 zu beurteilen?
2. Welche Hindernisse bestanden für die Entwicklung der Kolonistenschulen in diesem Zeitraum?

1.2. Gang der Untersuchung und Forschungsstand

Die Untersuchung und Analyse des wolgadeutschen Bildungswesens[8] ist von den historischen Entwicklungen der politisch-rechtlichen, soziokulturellen und ökonomischen Sphären abhängig. Aufgrund dessen wird in den ersten drei Kapiteln der geschichtliche Rahmen der wolgadeutschen Siedler knapp skizziert. Dabei werden in Kapitel 2 zunächst die Anfänge der deutschen Besiedlung in Russland dargestellt. Kapitel 3 und 4 widmen sich schließlich dem russischen Bildungswesen, um im folgenden Kapitel 5 das wolgadeutsche Schulwesen in den Kontext zu stellen. Der kurzen Beschreibung der petrinischen Europäisierungsbestrebungen im Bildungsmilieu, folgt die zusammenfassende Untersuchung des bestehenden Schulsystems in Russland zur Zeit der Ansiedlung der Deutschen an die südliche Wolgaregion. Anschließend wird zu Beginn des fünften Kapitels in 5.1. die Siedlerstruktur und das Ausmaß der wolgadeutschen Besiedlung erläutert. Aufbauend auf der Beschreibung der ökonomischen und organisatorischen Ausgangslage in Kapitel 5.2., wird in 5.3. auf den Aufbau der ersten wolgadeutschen Schulen eingegangen. Schließlich werden in Kapitel 5.4. die wichtigsten Grundschultypen vorgestellt und deren Entwicklung wiedergegeben. Kapitel 5.5. widmet sich dem Schulmeister, einer Schlüsselposition in der Entwicklung des wolgadeutschen Schulwesens. Abgeschlossen wird das fünfte Kapitel durch Untersuchungen über die „Russifizierung" des Schulwesens an der Wolga. Abschließend gibt Kapitel 6 eine Zusammenfassung. In der gesamten Arbeit wird deskriptiv-analytisch vorgegangen.

Die Beantwortung der beiden Leitfragen erfolgt – gemäß dem bisherigen Forschungsstand – hauptsächlich anhand der Quellen und Literatur, die ausschließlich protestantische Wolga-Dörfer und ihre Schulen darstellen. Kapitel 5.7. geht kurz auf das katholische wolgadeutsche Schulwesen ein. Im Übrigen wird bewusst eine Abgrenzung zu den Mennoniten[9] und der Herrnhuter Brüdergemeinde

---

[8] Im Rahmen dieser Arbeit werden die Begriffe des Bildungs- und Schulwesens als Synonyme verwendet.

[9] Hier sei lediglich kurz auf die Dissertation von Froese, L., Das pädagogische Kultursystem der mennonitischen Siedlergruppe in Rußland (1949), verwiesen.

in Sarepta[10] vorgenommen. Diese hatten nämlich spezielle Bedingungen für ihre Übersiedlung an die südliche Wolga ausgehandelt. Unter anderem deshalb entwickelten sie sich nicht nur in Bezug auf wirtschaftliche Aspekte zu „Muster-Kolonien", sondern auch in kultureller Hinsicht und folglich im Schulwesen.[11] Aufgrund dessen können sie nicht als repräsentativ für das wolgadeutsche Bildungssystem behandelt werden.

Der Stand der Forschung zur allgemeinen Geschichte der Wolgadeutschen ist sowohl in der russischen als auch deutschen Literatur „relativ gut wiedergespiegelt".[12] Es existieren zahlreiche Bibliographien hierzu.[13] Allerdings blieb das wolgadeutsche Geistesleben dabei „stets Stiefkind der Forschung".[14] Bis auf die Werke von Süss[15] und Woltner[16] findet man kaum ergiebige Monographien über das Schulwesen der Wolgadeutschen. Hingegen wurde oftmals versucht die Thematik mit Aufsätzen zu umreißen. Leider dienten diese häufig nicht wissenschaftlichen, sondern politischen Interessen mit zum Teil „stark subjektiv gefärbten Anschauungen".[17] Ein weiteres Problem liegt darin, dass der Großteil der Darstellungen des russlanddeutschen Schulwesens „stets aus protestantischer Sicht geschrieben wurde".[18] Die katholischen Dörfer und ihre Schulen – immerhin machten sie zu Beginn rund ein Drittel der Kolonien aus – wurden in den gängigen

---

[10] Zur näheren Geschichte Sareptas siehe Glitsch, A., Die Geschichte der Brüdergemeinde Sarepta (1865) und Hafa, H., Die Brüdergemeinde Sarepta (1936).

[11] Vgl. Woltner, M., Das wolgadeutsche Bildungswesen und die russische Schulpolitik (1937), S. 50-51.

[12] Süss, W., Das Schulwesen der deutschen Minderheit in Russland (2004), S. 9.

[13] Nach Erscheinungsjahr wiedergegeben: Schiller, F.; Literatur zur Geschichte und Volkskunde der deutschen Kolonien in der Sowjetunion für die Jahre 1764-1926 (1927 und 1990); Long, J., The German Russians (1979); Stumpp, K., Das Schrifttum über das Deutschtum in Rußland (1980); Brandes, D./ Busch, M./ Pavlović, K., Bibliographie zur Geschichte und Kultur der Rußlanddeutschen (1994).

[14] Woltner, M., Das wolgadeutsche Bildungswesen und die russische Schulpolitik (1937), S. V.

[15] Vgl. Süss, W., Das Schulwesen der deutschen Minderheit in Russland (2004).

[16] Vgl. Woltner, M., Das wolgadeutsche Bildungswesen und die russische Schulpolitik (1937).

[17] Woltner, M., Das wolgadeutsche Bildungswesen und die russische Schulpolitik (1937), S. V. Als Beispiele seien hier genannt: Klaus, A., Duchovenstvo i školy v našich nemeckich kolonijach (1869); Russkago (Synonym), O narodnom obrazovanii v nemeckich poselenijach Povolžja (1897); Schmal, P., Beiträge zur Geschichte der Volksbildung in den Wolgakolonien (1929).

[18] Stricker, G., Die Schulen der Wolgadeutschen in der zweiten Hälfte des 19. Jahrhunderts (1994), S. 244.

Arbeiten nicht berücksichtigt. So ist es auch bezeichnend, dass selbst der katholische Pfarrer Beratz[19] die katholischen Siedlungen „mit Schweigen übergeht".[20] Stricker versucht in seiner Arbeit zwar katholische Schulanstalten explizit zu berücksichtigen, maßt sich jedoch – nach eigener Aussage – keineswegs an diese große Lücke zu füllen und benennt folglich dieses Desiderat der Forschung.[21] Ansonsten finden sich bei Bonwetsch und Woltner einzelne Abschnitte, von sehr geringem Ausmaß, zum katholischen wolgadeutschen Schulwesen.[22]

Die Quellenlage hat sich seit dem Zerfall der Sowjetunion verbessert. Der eingeschränkte Zugang zu den russischen Archiven zu Zeiten des Kalten Krieges wurde weitestgehend aufgehoben. So erarbeiteten 1993 Brandes und Neutatz bereits eine Übersicht der Quellenmaterialien der Archive in Saratov und Engels (bis 1931 Pokrovsk) über die Anfänge der Wolga-Kolonien.[23] Die vorliegende Arbeit fußt auf einzelnen abgedruckten Quellenauszügen in den Arbeiten von Bauer, Bonwetsch, Klaus, Kufeld, Schmidt, Süss, Woltner und Feßlers Autobiographie.[24]

---

[19] Vgl. Beratz, G., Die deutschen Kolonien an der unteren Wolga in ihrer Entstehung und ersten Entwickelung (1923).

[20] Stricker, G., Die Schulen der Wolgadeutschen in der zweiten Hälfte des 19. Jahrhunderts (1994), S. 244.

[21] Vgl. Stricker, G., Die Schulen der Wolgadeutschen in der zweiten Hälfte des 19. Jahrhunderts (1994).

[22] Vgl. Bonwetsch, G., Geschichte der deutschen Kolonien an der Wolga (1919), S. 82-84; Woltner, M., Das wolgadeutsche Bildungswesen und die russische Schulpolitik (1937), S. 48-51 sowie 72-75.

[23] Vgl. Brandes, D./ Neutatz, D., Archivbestände zur Geschichte der Wolgadeutschen in Saratov und Engels (1993).

[24] Vgl. Bauer, G., Geschichte der deutschen Ansiedler an der Wolga (1908); Bonwetsch, G., Geschichte der deutschen Kolonien an der Wolga (1919); Feßler, I., Rückblicke auf eine siebzigjährige Pilgerschaft (1824); Klaus, A., Naši kolonii (1869); Klaus, A., Unsere Kolonien (2009); Kufeld, J., Die Deutschen Kolonien an der Wolga (2000); Schmidt, D., Studien über die Geschichte der Wolgadeutschen (1930); Süss, W., Das Schulwesen der deutschen Minderheit in Russland (2004); Woltner, M., Das wolgadeutsche Bildungswesen und die russische Schulpolitik (1937).

2. Die Anfänge der deutschen Ansiedlung in Russland

Die ersten deutschen Spuren in Russland reichen bis in die Zeit der Kiever Rus' zurück.[25] Fürstin Ol'ga, die interimistisch für ihren minderjährigen Sohn Svjatoslav von 945 bis 961 regierte, richtete an Otto I. die Bitte um Entsendung geeigneter geistlicher Lehrer für die junge Kiever Christenheit. Otto I. kam diesem Gesuch nach und entsandte im Jahre 961 Adalbert aus dem Kloster St. Maximin in Trier nach Kiev.[26] Später verstand es Jaroslav der Weise (Großfürst von Kiev 1019-1054) durch wohlbedachte Heiratspolitik die Kiever Rus' mit den führenden Häusern Europas zu verbinden. Zwei seiner Söhne gingen Ehen mit deutschen Adeligen ein.[27] Doch nicht nur fürstliche Familien des Heiligen Römischen Reiches Deutscher Nation widmeten dem wachsenden Reich im Osten ihre Aufmerksamkeit. Deutsche Kaufleute begannen mit der Kiever Rus' zunehmend Handel zu treiben: „Киев привлекал немецких купцов роскошью и обилием товаров как русского, так и восточного и византийского происхождения".[28]

Während aus dieser Zeit der Kiever Rus' nur sporadische Spuren deutscher Händler überliefert sind und diese sich letztlich mit dem Einfall der Mongolen und der Zerstörung Kievs im Jahre 1240 allmählich verlieren, liefern wohlerhaltene Dokumente aus der Zeit der Novgoroder Hanse mehr Informationen über das rege Leben und Treiben deutscher Kaufleute in den Städten Nordrusslands.[29] Dort werden die Deutschen „von alters her", das heisst seit den Anfängen der normannischen Präsenz vermutet. Wobei die meisten erhaltenen Dokumente mit zahlreichen ausführlichen Beschreibungen aus der Zeit nach 1241 stammen. Später spielten unter Ivan III. – der Große (Großfürst von Moskau 1462-1505) – und Vasilij III. (Großfürst von Moskau 1505-1533) deutsche Handwerker und Waffenschmiede im Kampf gegen das tatarische Joch und der „Sammlung der russischen Erde" durch das Moskauer Großfürstentum eine bedeutende Rolle. In diese Zeit

---

[25] Vgl. Längin, B. G., Die Rußlanddeutschen unter Doppeladler und Sowjetstern (1992), S. 16-17.

[26] Vgl. Fleischhauer, I., Die Deutschen im Zarenreich (1986), S. 16-17; German, A. A./ Ilarionova, T. S./ Pleve, I. R., Istorija nemcev Rossii (2005), S. 13; die deutschen Quellen hierzu sind in Auszügen wiedergegeben in: Karamzin, N. M., Istorija Gosudarstva Rossisjskogo (1842), I. Band, 1. Buch, Col. 110 der Anmerkungen.

[27] Vgl. Fleischhauer, I., Die Deutschen im Zarenreich (1986), S. 18; nach Stökl, G., Russische Geschichte von den Anfängen bis zur Gegenwart (1965), S. 89, waren es drei Söhne.

[28] Grekov, B. D., Kievskaja Rus' (1949), S. 483.

[29] Vgl. Ischchanian, B., Die ausländischen Elemente in der russischen Volkswirtschaft (1913), S. 8; Schippan, M./ Striegnitz, S., Wolgadeutsche (1992), S. 8; Stumpp, K., Deutsche in Rußland und in der Sowjetunion 1763-1986 (1986), S. 2.

fällt wohl auch die Gründung der *nemeckaja sloboda*[30], der „Fremdenvorstadt".[31] Diese entstand im Nordosten Moskaus am Fluss Jausa. Nach russischem Verständnis und Recht war die *sloboda* ein Ort, an dem sich Freie und Nicht-Orthodoxe ansiedeln durften. Wegen der Dominanz der deutschen Sprache war diese Vorstadt vorwiegend deutsch geprägt. Unter der Herrschaft Ivan IV. – der Schreckliche (Zar 1547-1584) – wurde diese gezielt mit Gelehrten, Handwerkern, Kaufleuten, Offizieren und Technikern besiedelt.[32] Es kam unter Ivan IV. Regierungszeit jedoch auch zu Versklavung zahlreicher deutscher Kriegsgefangener aus den eroberten westlichen Gebieten, die in Russland wirtschaftlich ausgebeutet wurden.[33] Matthäi sieht zusammenfassend in der Regierungszeit Ivan III. und seines Enkels Ivan IV. „die ersten ernstlichen Versuche, ausländische Kräfte nach Rußland zu ziehen, um dadurch einige Gewerbszweige zu vervollkommnen".[34] Dabei spielte die *nemeckaja sloboda* eine sehr wichtige Rolle im ökonomischen und kulturellen Leben der Hauptstadt als auch des ganzen Landes.[35]

Im 17. Jahrhundert wurde schließlich Peter I. – der Große (Zar 1682-1725) – ein ständiger Besucher und Förderer der *nemeckaja sloboda* und seiner vorwiegend deutschstämmigen Bewohner. Peter der Große, der als „beispiellose Personifikation der regierungsseitigen Europäisierungsbestrebungen"[36] in die Geschichtsbücher eingegangen ist, ließ auf dem Boden der deutschen Vorstadt eine der ersten Manufakturen Russlands errichten, gewährte deutschen Kaufleuten gewisse Ex-

---

[30] Das Wort *nemeckaja*, abgeleitet von *nemec*, entsprang vor langer Zeit in der Rus' dem Wort *nemoj*, was so viel wie stumm bedeutet. Somit stand das Wort *nemec* für Ausländer, die der russischen Sprache nicht oder lediglich schlecht mächtig waren. Und da es sich in Russland historisch so zutrug, dass der Großteil der Einwanderer den deutschsprachigen Ländereien entstammte, wurde der Ausdruck *nemec* ein Synonym für die Deutschen. Vgl. German, A. A./ Ilarionova, T. S./ Pleve, I. R., Istorija nemcev Rossii (2005), S. 13.

[31] German, A. A., Ilarionova, T. S. und Pleve, I. R. sprechen von einer Gründung Ende der 1550er Jahre, vgl. Istorija nemcev Rossii (2005), S. 15.

[32] Vgl. Fleischhauer, I., Die Deutschen im Zarenreich (1986), S. 19-23; Jenny, E., Die Deutschen im Wirtschaftsleben Russlands (1920), S. 6; Schippan, M./ Striegnitz, S., Wolgadeutsche (1992), S. 8-9; Stumpp, K., Die Rußlanddeutschen zweihundert Jahre unterwegs (1981), S. 6; Stumpp, K., Deutsche in Rußland und in der Sowjetunion 1763-1986 (1986), S. 2.

[33] Vgl. Fechner, A., Chronik der evangelischen Gemeinden in Moskau, S. 28; Ischchanian, B., Die ausländischen Elemente in der russischen Volkswirtschaft (1913), S. 10.

[34] Matthäi, F., Die Industrie Rußlands in ihrer bisherigen Entwicklung und in ihrem gegenwärtigen Zustande (1871), S. 15.

[35] Vgl. German, A. A./ Ilarionova, T. S./ Pleve, I. R., Istorija nemcev Rossii (2005), S. 18.

[36] Ischchanian, B., Die ausländischen Elemente in der russischen Volkswirtschaft (1913), S. 15.

klusivrechte im Handelsbereich und besetzte Berufsgruppen wie Mediziner, Apotheker und Offiziere, wie der brandenburgische Gesandtschaftssekretär Korn in seinem Tagebuch feststellte, mehrfach durch Deutsche.[37] Für die Anwerbung von ausländischen Fachkräften erließ Peter I. bereits am 16. April im Jahre 1702 das erste Berufungsmanifest des Zarenreiches und leitete somit erstmals offiziell die systematische Herbeiführung fremdländischer Arbeitskräfte in das russische Reich ein. Als Motiv wurde Folgendes formuliert: „[...] zum Wohl des Volkes des russischen Staates, damit unsere Untertanen mehr und besser lernen können und im Handelswesen geschickter werden."[38] Diesem Ruf folgten vor allem Offiziere und Soldaten. So machten zu Beginn des 18. Jahrhunderts Ausländer, hier vor allem Deutsche, mehr als 50 Prozent innerhalb der Generalität und Admiralität der russischen Armee aus.[39] Ferner war in den 1730er Jahren laut Brüggen „die gesamte Staatsleitung in den deutschen Händen".[40] In der Regierungszeit von Anna Ivanovna (Zarin 1730-1740) und Elisavet Petrovna (Zarin 1741-1762) wurde die Anwerbung von Ausländern in das Russische Reich fortgesetzt und schließlich auch der Versuch unternommen die südlichen Wolga-Gebiete mit Hilfe von Kolonisten zu besiedeln, jedoch vorerst ohne bleibenden Erfolg.[41] Insgesamt beinhaltete das russische Gesetzbuch der Jahre 1701 bis 1750 32 Gesetze, die Ausländer betrafen und 22 Erlasse des Senats, die die Bestimmungen dieser Gesetze vervollständigten.[42]

---

[37] Vgl. Korb, J. G., Tagebuch der Reise nach Russland (1968), S. 177 und 201-205.

[38] Süss, W., Das Schulwesen der deutschen Minderheit in Russland (2004), S. 32.

[39] Vgl. Fleischhauer, I., Die Deutschen im Zarenreich (1986), S. 30-53.

[40] Brüggen, E. F. v. d., Wie Rußland europäisch wurde (1885), S. 396-402.

[41] Vgl. Schippan, M., Der Beginn der deutschen Rußlandauswanderung im 18. Jahrhundert (1999), S. 51.

[42] Vgl. Kirov, A. N., Inostrancy v Rossii: Zakonodatel'stvo pervoj poloviny XVIII v. (1995), S. 87; Süss, W., Das Schulwesen der deutschen Minderheit in Russland (2004), S. 32.

3. Die Europäisierung des russischen Bildungswesens in der petrinischen Zeit

Die Europäisierungsbestrebungen insbesondere durch Peter I. hatten auch Auswirkungen auf das Bildungsmilieu des Russischen Reiches. Der Kaiser, durch die Epoche der Aufklärung beeinflusst, erkannte, dass der gesamtkulturelle Zustand des Landes von der Bildung und Erziehung seiner Bewohner abhing.[43] Peter betrachtete somit die Umgestaltung des Bildungswesens als „vorrangige Aufgabe"[44] und versuchte durch Reformen dieses an westliche Standards heranzuführen.[45] Umgekehrt „spielte Russland für Westeuropa […] die Rolle eines Versuchsgeländes für die Verbreitung aufklärerischer Gedanken mit einem fruchtbaren Nährboden für die praktische Verwirklichung aller Ideen."[46] Hierbei kam es vor allem zwischen dem „Alten Russland" und dem „Gelehrten Deutschland", wie die beiden Länder von manch Ideologen bezeichnet werden, zum mannigfaltigsten kulturellem Austausch.[47]

Dabei agierten der deutsche Philosoph und Mathematiker Gottfried Wilhelm Leibniz und Peter I. als „geniale Initiatoren" dieses Symposiums.[48] Dies ist durch den zahlreichem Schriftverkehr über einen Zeitraum von fast zwei Jahrzehnten belegt, welcher wesentlich den russischen Zaren in seinem Reformvorhaben des Bildungsmilieus beeinflusste. Leibniz regte den russischen Kaiser an die Akademie der Wissenschaften in St. Petersburg zu gründen, begabte Ausländer in das Land zu holen, ein Lehrerkollegium für die Organisation der Bildung und Erziehung von Jugendlichen einzurichten und ein dreistufiges Bildungssystem mit Grund-, Mittelschulen und Universitäten zu schaffen. Die letzten beiden Punkte

---

[43] Vgl. Hölzl, J., Das Schulwesen der deutschen Minderheit in Russland (2013), S. 3-4.

[44] Süss, W., Das Schulwesen der deutschen Minderheit in Russland (2004), S. 30.

[45] Vgl. German, A. A./ Ilarionova, T. S./ Pleve, I. R., Istorija nemcev Rossii (2005), S. 23; Süss, W., Das Schulwesen der deutschen Minderheit in Russland (2004), S. 28-30; Woltner, M., Das wolgadeutsche Bildungswesen und die russische Schulpolitik (1937), S. 3-4.

[46] Süss, W., Das Schulwesen der deutschen Minderheit in Russland (2004), S. 29.

[47] Vgl. Hölzl, J., Das Schulwesen der deutschen Minderheit in Russland (2013), S. 5; Kahn, H. W., Die Deutschen und die Russen (1984), S. 44.

[48] Hölzl, J., Das Schulwesen der deutschen Minderheit in Russland (2013), S. 10. Andere Namen, die in diesem Kontext auftauchen, sind die von Leonhard Euler; August Ludwig Schlözer und Christian Wolff; vgl. Hölzl, J., Das Schulwesen der deutschen Minderheit in Russland (2013), S. 10; Süss, W., Das Schulwesen der deutschen Minderheit in Russland (2004), S. 42.

wurden zu den Hauptfragen der Gestaltung des russischen Bildungswesens im 18. Jahrhundert, um die gestritten und diskutiert wurde.[49]

Nach Beendigung des 20-jährigen Krieges mit Schweden setzte der Zar das Akademiekonzept nach Leibniz um und gründete im Jahre 1724 die Russische Akademie der Wissenschaften in der damaligen Hauptstadt St. Petersburg.[50] In der Folge kamen „scharenweise"[51] Wissenschaftler an die Neva, wobei von den ersten 16 angeworbenen ordentlichen Mitgliedern der Akademie zwölf Deutsche waren.[52] Sie führten in der Akademie eine Organisationsstruktur nach deutschem Vorbild ein, deren Posten, Titel und Aufteilung in Wissenschaftsgebiete beinahe bis in das 20. Jahrhundert Bestand hatte.[53] Nach Ansicht Peter I. sollte diese geschaffene Akademie die noch vorhandenen Lücken im russischen Bildungssystem schließen. Dazu sollten an der Akademie der Wissenschaften in St. Petersburg Wissenschaftler ausgebildet werden, um pädagogische Tätigkeit unter anderem im russischen Schulwesen ausüben zu können.[54]

Auch spielten die städtischen deutschen Schulen in Russland für das zaristische Bildungswesen eine bedeutende Rolle.[55] Stricker führt die Anfänge deutscher Schulen in den Städten Russlands bis fast an das Jahr 1600 zurück.[56] Dabei waren

---

[49] Vgl. Demkov, M. I., Vlijanie zapadno-evropejskoj pedagogiki na russkuju pedagogiku (1910), S. 40; Süss, W., Das Schulwesen der deutschen Minderheit in Russland (2004), S. 38-39.

[50] Vgl. Andreev, A. I., Osnovanie Akademii nauk v Peterburge (1947), S. 285.

[51] Süss, W., Das Schulwesen der deutschen Minderheit in Russland (2004), S. 43.

[52] Vgl. Maier, L., Deutsche Gelehrte an der St. Petersburger Akademie der Wissenschaften im 18. Jahrhundert (1984), S. 28; Süss, W., Das Schulwesen der deutschen Minderheit in Russland (2004), S. 42-44.

[53] Vgl. Balošina, N. Ju., Značenie nemeckoj mental'nosti v stanovlenii ponjatija „nauka" v Rossii (1997), S. 211.

[54] Vgl. Süss, W., Das Schulwesen der deutschen Minderheit in Russland (2004), S. 44-48.

[55] Vgl. German, A. A./ Ilarionova, T. S./ Pleve, I. R., Istorija nemcev Rossii (2005), S. 23-24. Hier sei beispielweise auf eine der bekanntesten Schulen Moskaus im 18. Jahrhundert, das 1706 durch den Pastor Johann Ernst Glück eröffnete Akademische Gymnasium verwiesen, vgl. Hölzl, J., Das Schulwesen der deutschen Minderheit in Russland (2013), S. 12-14; Süss, W., Das Schulwesen der deutschen Minderheit in Russland (2004), S. 39-42.

[56] Vgl. Stricker, G., Deutschsprachige Bildungseinrichtungen im Russischen Reich und in der Sowjetunion (1988), S. 163.

diese Schulen „unlösbar mit der Kirche verbunden".[57] Eine Verquickung, die bisher in Russland zur damaligen Zeit fehlte.[58] Die zaristische Regierung benutzte diese Schulen um den russischen Adel und die Kanzleibeamten auszubilden. Aufgrund des guten Rufs der deutschen Lehranstalten bei gleichzeitig fehlenden russischen Bildungsanstalten, war auch die russische Bevölkerung darum bemüht ihre Kinder an diesen Schulen erziehen zu lassen.[59] Amburger gelangt zum Ergebnis, dass die deutschen Kirchenschulen in Russlands Städten neben der Pflege der deutschen Sprache und der Kulturarbeit, durch die Erziehung, Bildung und Beeinflussung zahlreicher junger Russen, die später dem russischen Staat teils in hohen Stellungen dienten, auch als ein wichtiger Bestandteil der russischen Bildungsgeschichte betrachtet werden müssen.[60]

---

[57] Süss, W., Das Schulwesen der deutschen Minderheit in Russland (2004), S. 48.

[58] Vgl. Woltner, M., Das wolgadeutsche Bildungswesen und die russische Schulpolitik (1937), S. 2.

[59] Vgl. Stricker, G., Deutschsprachige Bildungseinrichtungen im Russischen Reich und in der Sowjetunion (1988), S. 163; Süss, W., Das Schulwesen der deutschen Minderheit in Russland (2004), S. 48-55.

[60] Vgl. Amburger, E., Deutsche in Staat, Wirtschaft und Gesellschaft Rußlands (1986), S. 68.

4. Das bestehende russische Schulwesen im 18. Jahrhundert

Von einem russischen Schulwesen ist bis zum angehenden 18. Jahrhundert nicht zu sprechen.[61] Die geistige Erziehung und Bildung der Jugend in Russland blieb bis zu dieser Zeit ausschließlich der Familie beziehungsweise privaten Initiativen überlassen.[62] In Russland gab es keine örtlichen Schulbehörden, keine Bildungsanstalten für Lehrer aller Schultypen und keinen Schulzwang. Der leibeigene Bauernstand und somit der Großteil der Bevölkerung wurde nicht in das Unterrichtswesen einbezogen.[63] Selbst den privilegierten Ständen in Russland stand kein geordnetes Schulwesen zur Verfügung.[64] Auch existierte im orthodoxen Russland keine kirchliche Schul- und Bildungstradition wie im Westen Europas. „Abweichend sogar von der orthodoxen Kirche in Griechenland besaß die russische Orthodoxie keinerlei Beziehungen weder zum wissenschaftlichen Denken noch zur Volksbildung."[65] Die orthodoxe Geistlichkeit war größtenteils nicht einmal am Religionsunterricht beteiligt.[66] Leibniz beschrieb den Zustand des vorpetrinischen Russlands in schulischen und wissenschaftlichen Angelegenheiten somit zutreffend als „tabula rasa", als ein unbeschriebenes Blatt.[67]

Erst unter Peter I. begannen sich Ansätze zu einem höheren Schulwesen und zum Aufbau von Fachschulen zu entwickeln. Der russische Kaiser zog die Heranbildung der Jugend und das Schulproblem in den Kreis der staatlichen Interessen, die zentralistisch in Angriff genommen wurden.[68] Das Elementar- beziehungsweise Grundschulwesen blieb dabei allerdings noch ausgespart und war in den

---

[61] Dies gilt ebenso für das Volksschulwesen in Deutschland des 18. Jahrhunderts, vgl. Süss, W., Das Schulwesen der deutschen Minderheit in Russland (2004), S. 150-152.

[62] Vgl. Kapterev, P. F., Istorija russkoj pedagogii (1915); Süss, W., Das Schulwesen der deutschen Minderheit in Russland (2004), S. 138; Woltner, M., Das wolgadeutsche Bildungswesen und die russische Schulpolitik (1937), S. 3.

[63] Süss, W., Das Schulwesen der deutschen Minderheit in Russland (2004), S. 141.

[64] Vgl. Woltner, M., Das wolgadeutsche Bildungswesen und die russische Schulpolitik (1937), S. 3.

[65] Woltner, M., Das wolgadeutsche Bildungswesen und die russische Schulpolitik (1937), S. 1.

[66] Vgl. Luchterhandt, O., Die Rechtsstellung der Deutschen vor und nach der Aufhebung der Privilegien (1994), S. 106-107.

[67] Vgl. Süss, W., Das Schulwesen der deutschen Minderheit in Russland (2004), S. 138.

[68] Vgl. Hölzl, J., Das Schulwesen der deutschen Minderheit in Russland (2013), S. 20; Stricker, G., Deutsche Geschichte im Osten Europas (1997), S. 33; Woltner, M., Das wolgadeutsche Bildungswesen und die russische Schulpolitik (1937), S. 4.

zaristischen Bildungsplänen auch gar nicht vorgesehen.[69] Es herrschte zur damaligen Zeit noch das sogenannte ständische Prinzip vor. Das bedeutet die Söhne erlernten den Beruf ihres Vaters.[70] Dies wurde durch einen Ukaz des Senats im Jahre 1755 festgehalten und bestimmt.[71] Somit waren die unter Peter I. errichteten Schulen dazu verurteilt Fachschulen zu bleiben. Außerdem wurden diese Schulen mit staatlichen Aufgaben betraut, wie beispielsweise der Hebung des technischen, militärischen und wirtschaftlichen Niveaus Russlands sowie der Heranbildung eines fähigen Beamtenstabes. Die Errichtung sogenannter Ziffernschulen ab 1714 als Vorbereitungsanstalten für die Fachschulen, blieb in ihrer Wirkung und Ausbreitung beschränkt.[72]

Unter der Regierungszeit Katharina II. (Zarin 1762-1796) wurde im Jahre 1768 die „Sonderkommission für Schulen und der Wohlfahrt für Bedürftige" einberufen.[73] Diese sollte sich am eingehendsten mit der Ausgestaltung der Grundschulen befassen. Inspiriert vom damaligen preußischen und österreichischen Bildungssystem war eine obligatorische Dorfschule für Knaben im Alter von acht bis zwölf Jahren geplant. Die Dorfgemeinde hatte die Schulen finanziell zu tragen, die Verwaltung unterlag dem Dorfgeistlichen. Ähnliche Schulen waren auch für die Stadtbevölkerung vorgesehen, jedoch mit einer Ausdehnung der Schulpflicht ebenso auf die weibliche Jugend. Dieselbe Sonderkommission befasste sich auch mit der Frage des Schulwesens für die konfessionellen und nationalen Minderheiten in Russland. Im Ergebnis sollten die Fremdvölker in Russland das vorgestellte

---

[69] Vgl. Hölzl, J., Das Schulwesen der deutschen Minderheit in Russland (2013), S. 20.

[70] Vgl. Luchterhandt, O., Die Rechtsstellung der Deutschen vor und nach der Aufhebung der Privilegien (1994), S. 106.

[71] Vgl. Kapterev, P. F., Istorija russkoj pedagogii (1915), S. 160-161; Tolstoj, D. A., Vzgljad na učebnuju čast' v Rossii v XVIII stolětii do 1782 goda (1885), S. 13-14; Woltner, M., Das wolgadeutsche Bildungswesen und die russische Schulpolitik (1937), S. 5.

[72] Vgl. Tolstoj, D. A., Vzgljad na učebnuju čast' v Rossii v XVIII stolětii do 1782 goda (1885), S. 1-6; Süss, W., Das Schulwesen der deutschen Minderheit in Russland (2004), S. 140-141 und 143; Woltner, M., Das wolgadeutsche Bildungswesen und die russische Schulpolitik (1937), S. 4.

[73] Vgl. Tolstoj, D. A., Vzgljad na učebnuju čast' v Rossii v XVIII stolětii do 1782 goda (1885), S. 65-71.

System adaptieren, jedoch in Berücksichtigung nationaler und konfessioneller Eigenarten.[74] „Entnationalisierungsbestrebungen lagen der Zeit Katharinas im allgemeinen fern", konstatiert Woltner.[75] All diese Pläne gelangten jedoch nie zu einer weitgehenden Ausführung. Dies lag vor allem daran, dass im Gegensatz zu Österreich in Russland keine lokalen Schulbehörden geschaffen wurden und es im Land an genügend Lehrern mangelte.[76]

---

[74] Vgl. Woltner, M., Das wolgadeutsche Bildungswesen und die russische Schulpolitik (1937), S. 10-12.

[75] Woltner, M., Das wolgadeutsche Bildungswesen und die russische Schulpolitik (1937), S. 12.

[76] Vgl. Hölzl, J., Das Schulwesen der deutschen Minderheit in Russland (2013), S. 31; Süss, W., Das Schulwesen der deutschen Minderheit in Russland (2004), S. 31 und 147; Woltner, M., Das wolgadeutsche Bildungswesen und die russische Schulpolitik (1937), S. 12.

5. Das wolgadeutsche Schulwesen

5.1. Besiedlung des Wolga-Gebiets durch Deutsche

In die Tradition der Anwerbung von Ausländern (*siehe Kapitel 2.*) reihte sich auch Katharina II. – die Große – ein und bemühte sich weiterhin Fachpersonal und Wissenschaftler aus dem Ausland, vor allem aus dem medizinischen Bereich anzuwerben.[77] Ein Novum war jedoch, dass sie erfolgreich und im großen Umfang die Besiedlung der südlichen Landesteile durch ausländische Landwirte verwirklichte.[78] Stumpp sieht in Katharinas Ansiedlungspolitik und ihrer Nachfolger eine klare Unterscheidung von zwei Gruppen des ankommenden Deutschtums in Russland. Während die erste Gruppe der angesiedelten Deutschen im Russischen Reich in den Jahrhunderten vor 1750 meist in Städten lebte, den höheren Ständen und Berufsgruppen wie Handwerkern, Kaufleuten, Ingenieuren und Offizieren angehörte, vielfach ihre deutsche Staatsbürgerschaft beibehielt und oft nur vorübergehend im Russischen Reich blieb oder aber – und das gilt insbesondere für das höhere Beamtentum – zum Teil im Russländischen aufging und ihre deutsche Muttersprache aufgab, ging die weitaus größere, zweite Gruppe der Deutschen in Russland auf die planmäßige Siedlungspolitik der russischen Kaiser zwischen 1763 und 1824 zurück, die vorwiegend ländliche ackerbautreibende Bevölkerung aus Deutschland in die russische Peripherie lockte.[79] Mit dieser Politik der Besiedlung von fast menschenleeren, zum Teil erst eroberten Gebieten durch fremde Ackerbauern ging Katharina II. mit dem Zeitgeist des 18. Jahrhunderts und den damals vorherrschenden Ideen der Peuplierung, des Merkantilismus, des Kameralismus und der Physiokratie.

Zur Grundlage der Besiedlung des südlichen Wolga-Gebietes durch Deutsche wurde das zweite Siedlungsmanifest, welches Katharina II. am 22. Juli 1763 erließ.[80] Für die Anwerbung der Kolonisten wurde der gesamte Apparat des Ge-

---

[77] Vgl. Fleischhauer, I., Die Deutschen im Zarenreich (1986), S. 90-97.

[78] Vgl. Dahlmann, D., Die Deutschen an der Wolga von der Ansiedlung 1764 bis zum Ausbruch des Ersten Weltkrieges (1996), S. 2; Schippan, M., Der Beginn der deutschen Rußlandauswanderung im 18. Jahrhundert (1999), S. 50 und 52; Schippan, M./ Striegnitz, S., Wolgadeutsche (1992), S. 8.

[79] Vgl. Stumpp, K., Die Rußlanddeutschen zweihundert Jahre unterwegs (1981), S. 6.

[80] Das erste Siedlungsmanifest der russischen Kaiserin vom 14. Dezember 1762 blieb wegen seiner „Unverbindlichkeit und Allgemeinheit" und der Auslassung der gewährten Rechte und Privilegien für die Einwanderer weitgehend folgenlos. Vgl. Dahlmann, D., Die Deutschen an der Wolga von der Ansiedlung 1764 bis zum Ausbruch des Ersten Weltkrieges (1996), S. 2;

sandtschaftswesens in Gang gesetzt. Neben den staatlichen Kron-Agenten beziehungsweise Kron-Kommissionären, die direkt im Dienste der Petersburger Krone standen, engagierte die Regierung auch sogenannte Lokatoren – private Werber – gegen Bezahlung.[81] Auch wurde die so bezeichnete „Tutelkanzlei", eine Art Vormundschaftskanzlei für die Ansiedler[82], eingerichtet. Die Aufgabe dieser Kanzlei bestand darin „alle gerechten Forderungen zu befriedigen", die die Neuankömmlinge stellten, sowie „dafür Sorge zu tragen, daß sie bei ihrem Eintreffen in Rußland keinerlei Erschöpfung unterliegen und ihnen bei erster Gelegenheit provisorische Wohnstätten zugewiesen werden, bis jeder nach seinem eigenen Wunsch eingewiesen wird".[83] Das Jahresbudget war mit 200.000 Rubel ebenfalls reichlich bemessen. Die Leitung der Tutelkanzlei hatte Katharinas Liebhaber und mächtigster Günstling Graf Grigorij Grigor'evič Orlov inne. Des Weiteren war die Kanzlei unmittelbar der Zarin unterstellt. Ein Zeichen dafür wie wichtig Katharina II. diese Migrationsmaßnahme war.[84]

Als Ergebnis dieser Schritte kamen – laut Pleve – die meisten Kolonisten, rund 85 Prozent, in den beiden Jahren 1765 und 1766 nach Russland. In der Summe waren es zwischen den Jahren 1762 und 1772 30.623 Personen, die nach Russland emigrierten.[85] Andere geben wieder, dass sich die Zahl der Übersiedler von 1763 bis 1775 zwischen 25.000 und etwa 32.000 Menschenseelen bewegte. Davon kamen vier Fünftel in den Jahren zwischen 1763 und 1766.[86] Laut Pleve wurden von diesen 30.623 Menschen rund 416 Personen in Kolonien rund um St. Petersburg, weitere 329 in Livland und 283 bei Jamburg angesiedelt. 1.436 Kolonisten siedelten in die verschiedensten Gegenden Kleinrusslands über. 337 Personen blieben

---

Fleischhauer, I., Die Deutschen im Zarenreich (1986), S. 98; Schippan, M., Der Beginn der deutschen Rußlandauswanderung im 18. Jahrhundert (1999), S. 52.

[81] Vgl. Brandes, D., Einwanderung und Entwicklung der Kolonien (1997), S. 53; Dahlmann, D., Die Deutschen an der Wolga von der Ansiedlung 1764 bis zum Ausbruch des Ersten Weltkrieges (1996), S. 2-3.

[82] Im Russischen Канцелярия Опекунства иностранных.

[83] Fleischhauer, I., Die Deutschen im Zarenreich (1986), S. 101.

[84] Vgl. Brandes, D., Einwanderung und Entwicklung der Kolonien (1997), S. 51; Schippan, M./ Striegnitz, S., Wolgadeutsche (1992), S. 22-23.

[85] Vgl. Pleve, I. R., Manifest Ekateriny II. ot 22 ijulja 1763 g. (1995), S. 30. Es ist aber auch zu berücksichtigen, dass darüber hinaus einige Listen der ersten Kolonisten unwiederbringlich verloren gingen, vgl. Pleve, I. R., Einwanderung in das Wolgagebiet 1764-1767 (2001), S. 12.

[86] Vgl. Bartlett, R. P., Human Capital (1979), S. 96; Bonwetsch, G., Geschichte der deutschen Kolonien an der Wolga (1919), S. 22-23; Kabuzan, V. M., Nemeckoe naselenie v Rossii v XVIII – načale XX veka (1989), S. 23; Pallas, P. S., Reise durch verschiedene Provinzen des russischen Reichs (1776), S. 624.

als Handwerker in Moskau, Reval, St. Petersburg und Tambov. Die größte Gruppe an Siedlern jedoch, insgesamt 26.676 Menschen, wurden in die Gebiete bei Saratov geschickt. Bei der langen und beschwerlichen Reise vom Auffanglager in Oranienbaum bei St. Petersburg – dem heutigen Lomonosov – und dem anschließenden Landweg an die südlichen Wolga-Ufer, starben 3.293 Kolonisten unterwegs.[87] Das waren rund 12,5 Prozent derer, die sich auf den Weg an die Wolga machten. Im Ergebnis ließen sich somit 23.216 Menschen in dem geschlossenen Siedlungsgebiet um die Stadt Saratov mit insgesamt 104 Kolonien, die allesamt zwischen 1764 und 1771 gegründet wurden, nieder.[88] Dabei wurde die erste Kolonie an der Wolga am 29. Juli 1764 gegründet.[89] Von den 104 Kolonien befanden sich 45 Kolonien auf der sogenannten Bergseite, der westlichen Seite der Wolga, und 59 Kolonien wurden auf der Wiesenseite, dem östlichen Wolga-Ufer, angelegt.[90] Nach Konfessionszugehörigkeit liefern die Listen der ersten Kolonisten folgendes Bild: die größte Gruppe bildeten die Lutheraner mit über 4.000 Familien, gefolgt von den Katholiken mit etwa 2.500 Familien und den Reformierten mit rund 1.250 Familien.[91]

Die Siedlungsmanifeste Katharinas zielten zwar nicht auf die Ansiedlung insbesondere deutscher Kolonisten, doch stammte die überwiegende Mehrheit, der nach Russland Eingewanderten aus den deutschen Territorien ab. Diese histori-

---

[87] Vgl. Brandes, D., Die Deutschen in Rußland und der Sowjetunion (1992), S. 92.

[88] Vgl. Pleve, I. R., Einwanderung in das Wolgagebiet 1764-1767 (1999), S. 12; Stumpp, K., Die Rußlanddeutschen zweihundert Jahre unterwegs (1981), S. 12; Klaus (Unsere Kolonien, 2009, S. 33), Bauer (Geschichte der deutschen Ansiedler an der Wolga, 1908, S. 21) und Fleischhauer (Die Deutschen im Zarenreich, 1986, S. 102) sprechen dagegen von 102 Kolonien. Eisfeld (Deutsche Kolonien an der Wolga 1917-1919 und das Deutsche Reich, 1985, S. 19) gar von 101.

[89] Vgl. Pleve, I. R., Einwanderung in das Wolgagebiet 1764-1767 (1999), S. 25; Schippan und Striegnitz (Wolgadeutsche, 1992, S. 60) sprechen dagegen vom 29. Juni 1764.

[90] Vgl. Wiens, H., Deutsche in Rußland und in der GUS 1763-1997 (1997), S. 5.

[91] Vgl. Pleve, I. R., Einwanderung in das Wolgagebiet 1764-1767 (1999), S. 22. German, A. A./ Ilarionova, T. S./ Pleve, I. R., legen zu der Konfessionszugehörigkeit folgende Zahlen vor: "Среди первых колонистов насчитывалось 51,5% лютеран, 32,25% католиков и 16,25% реворматов. К 80-м годам XVIII столетия это соотношение несколько изменилось. В 1786 г. в колониях насчитывалось католиков 7241 чел. (26,5%) и протестантов 20.051 (73,5%), в том числе лютеран 14.834 чел. (54,4%) и реформатов 5.217 чел. (19,1%). Подобные изменения объясняются тем, что большинство неспособных к хлебопашеству были католиками и их отправляли на заработки в города России. В основном католики были захвачены в плен или погибли во время набегов киргизов-кайсаков.", vgl. Istorija nemcev Rossii (2005), S. 71.

sche Entwicklung war nicht in der besonderen Sympathie der Zarin für ihre ehemaligen deutschen Landsleute oder der Vorliebe der russischen Administration für die angeblich so tüchtigen Deutschen begründet. Vielmehr handelte es sich um das Resultat, der in Europa zu dieser Zeit herrschenden Zustände und Bedingungen.[92] Während die Kolonialmächte England, Frankreich, Holland, Portugal und Spanien ihre Auswanderungswilligen nach Übersee schickten, war die deutsche Staatenwelt kaum an dieser kolonialen Expansion beteiligt. Dafür bildeten die deutschen Emigranten eines der größten Kontingente der säkularen Völkerwanderung innerhalb Europas.[93] Hinzu kam, dass das 18. Jahrhundert noch unter der Tradition der „trockenen Auswanderung" stand, also jener Emigration über den Landweg.[94] Dadurch übte das Russische Reich für die Auswanderer zur damaligen Zeit eine umso größere Anziehungskraft aus.[95] Die Auswanderungsverbote der Kolonialmächte und vieler deutscher Staaten, sowie die umfangreiche Anwerbung durch staatliche und private russische Werber in den vorwiegend südlichen Gebieten Deutschlands, führten wiederum dazu, dass vor allem Süddeutsche den Weg nach Russland auf sich nahmen. Diese süddeutschen Hauptauswanderungsgebiete lassen sich mit Hilfe von den in Russland eingetroffenen Kolonisten angegebenen Daten zu ihrer Heimat sowie anhand von Traulisten der Kirchen, die sich in der Nähe der Sammellager der Auswanderer befanden, bestimmen.[96] Im Ergebnis lässt sich erkennen, dass die hessischen Mittelgebirge südlich der Linie Gießen-Fulda besonders viele Auswanderer aufzuweisen hatten. Im Westen wurde dieses Hauptauswanderungsgebiet von Darmstadt, Frankfurt am Main und Friedberg, im Osten von Aschaffenburg, Büdingen, Fulda, Gelnhausen und Schlüchtern sowie im Süden von der Grafschaft Erbach begrenzt. Zu den weiteren Auswanderungsgebieten zählen die Kurfürstentümer Trier, Mainz und Pfalz, das

---

[92] Vgl. Bartlett, R. P., Human Capital (1979), S. 59; Dahlmann, D., Die Deutschen an der Wolga von der Ansiedlung 1764 bis zum Ausbruch des Ersten Weltkrieges (1996), S. 3-4.

[93] Vgl. Hippel, W. v., Auswanderung aus Südwestdeutschland (1984), S. 17; Dahlmann, D., Die Deutschen an der Wolga von der Ansiedlung 1764 bis zum Ausbruch des Ersten Weltkrieges (1996), S. 3.

[94] Zum Forschungsstand der „trockenen Auswanderung" vgl.: Beer, M., Die „trockene Auswanderung". Eine thematische und forschungsgeschichtliche Einordnung (1999).

[95] Vgl. Hippel, W. v., Auswanderung aus Südwestdeutschland (1984), S. 251.

[96] Vgl. Funk, W., Deutsche als russische Kolonisten (1926), S. 101-107; Haselbach, B., Einiges von den Ahnen der Rußlanddeutschen (1937), S. 207; Schippan, M., Der Beginn der deutschen Rußlandauswanderung im 18. Jahrhundert (1999), S. 57; Stumpp, K., Verzeichnis der Auswanderer aus Hessen ins Wolgagebiet in der Zeit 1763-69 und aus Westpreußen in das Gebiet Samara 1859-62 (1960), S. 161-181; Stumpp, K., Die Lübecker Traulisten (1939), S. 111-116; Stumpp, K., Die Auswanderung aus Deutschland nach Rußland 1763-1862 (1974), S. 21.

Rheinland, in Franken der Steigerwald, die Grafschaften Castell und Schwarzenberg, Danzig-Westpreußen, Elsaß, Bayrisch-Schwaben, die wertheimischen und thüngischen Besitzungen sowie zu einem geringen Maß die Gebiete aus dem zersplitterten Thüringen und den nord- und nordwestdeutschen Ländereien um Braunschweig, Hannover, Lüneburg, Wolfenbüttel und Schleswig-Holstein.[97] Diese Auswanderer gelangten über zentrale Auffang- und Durchgangsstellen wie Büdingen, Freiburg im Breisgau, Hamburg, Lübeck, Rosslau und Ulm über die Ostsee in das Zarenreich.

5.2. Ausgangslage und schwere erste Jahre im Siedlungsgebiet um Saratov

Das katharinische Manifest vom 22. Juli 1763 gewährte den Kolonisten dreißig Jahre der Steuerfreiheit, einen zinslosen Kredit für den Hausbau sowie die Anschaffung der benötigten Gerätschaften und des Viehbestands, die völlig zollfreie Einfuhr des Vermögens, das Recht der freien und autonomen Selbstverwaltung und inneren Jurisdiktion auf der Gemeinde- und Bezirksebene, die Befreiung von jeglichem Militär- und Zivildienst für immer, als auch das Recht Russland jederzeit wieder verlassen zu dürfen.[98] Es enthielt jedoch keinerlei direkte Regelungen zur Schulfrage der Wolgadeutschen. Lediglich der sechste Artikel des Manifestes befasste sich indirekt mit dieser Frage, in dem Folgendes festgehalten wurde:

> „Gestatten Wir allen in Unser Reich ankommenden Ausländern unverhindert die freye Religions-Übung nach ihren Kirchen-Satzungen und Gebräuchen [...] erteilen Wir die Freyheit, Kirchen und Glocken-Türme zu bauen und dabey nöthige Anzahl Priester und Kirchendiener zu unterhalten [...]"[99]

---

[97] Vgl. Fleischhauer, I., Die Deutschen im Zarenreich (1986), S. 102-103; Schippan, M., Der Beginn der deutschen Rußlandauswanderung im 18. Jahrhundert (1999), S. 57-63; Wiens, H., Deutsche in Rußland und in der GUS 1763-1997 (1997), S. 4.

[98] Vgl. Bonwetsch, G., Geschichte der deutschen Kolonien an der Wolga (1919), S. 14-15; Brandes, D., Die Wolgarepublik: Eigenstaatlichkeit oder nationales Gouvernement? (1996), S. 103; Fleischhauer, I., Die Deutschen im Zarenreich (1986), S. 99; Schippan, M./ Striegnitz, S., Wolgadeutsche (1992), S. 217-219.

[99] Zitiert nach Schippan, M./ Striegnitz, S., Wolgadeutsche (1992), S. 216-220.

Eine zweite und diesmal direkte Erwähnung bezüglich des wolgadeutschen Schulwesens findet sich im Gesetz zu den Abgaben von Ländereien an die Kolonisten vom 19. März 1764.[100] Dieses Gesetz regelte nicht nur die Zuteilung von Ackerland an die Deutschen, sondern auch die Verteilung von Land für den Bau von Kirchen, Schulen und weiteren Einrichtungen. Das Fehlen einer gesetzlichen Grundlage für die Errichtung von Schulen in den wolgadeutschen Kolonien seitens der zaristischen Regierung wird unterschiedlich gewertet. German/ Ilarionova/ Pleve, Hölzl und Süss begründen dieses Vorgehen der Regierung damit, dass in Russland des 18. Jahrhunderts keinerlei Bildungseinrichtungen für die Bauern existierten und die russische Regierung diese Angelegenheit vollständig den Kolonialgemeinden überließ, zumal das Schulsystem auch der inneren Jurisdiktion der Kolonisten unterlag.[101] Dagegen begründen Kahle, Luchterhandt und Woltner den Schritt der Zarenregierung, keine speziellen Regelungen zum Schulwesen der Kolonisten zu erlassen, vor allem damit, dass die russische Administration die Schulfrage explizit als einen Bereich der evangelischen und katholischen Kirche betrachtete.[102] Und eine „Einmischung in die fremden innerkirchlichen Angelegenheiten [...] lag der Zeit Katharinas II. fern."[103]

Obwohl – wie belegt – in dem Einladungsmanifest der russischen Regierung weder Lehrer noch Schulen Erwähnung fanden, versprachen manche privaten Werber den Kolonisten zu den offiziellen Privilegien weitere Zugeständnisse. So erklärte beispielsweise der Lokator Beauregard den Kolonisten, dass neben dem „Aufbau von Kirchen mit Glockentürmen [...] auch die dazu nötigen Geistlichen, Schul- und Lehrmeister verstattet werden." Des Weiteren sollten „geschickte Leh-

---

[100] Dieses Gesetz ist eines der Bestandteile des sogenannten „Kolonialkodexes", welches die Struktur der Kolonisation an der Wolga minutiös regelte. Vgl. Schippan, M./ Striegnitz, S., Wolgadeutsche (1992), S. 60; Fleischhauer, I., Die Deutschen im Zarenreich (1986), S. 100.

[101] Vgl. German, A. A./ Ilarionova, T. S./ Pleve, I. R., Istorija nemcev Rossii (2005), S. 75; Hölzl, J., Das Schulwesen der deutschen Minderheit in Russland (2013), S. 69; Süss, W., Das Schulwesen der deutschen Minderheit in Russland (2004), S. 153.

[102] Vgl. Kahle, W., Zum Verhältnis von Kirche und Schule in den deutschen Siedlungen an der Wolga bis zum Ausbruch des Ersten Weltkrieges (1994), S. 228; Luchterhandt, O., Die Rechtsstellung der Deutschen vor und nach der Aufhebung der Privilegien (1994), S. 107; Woltner, M., Das wolgadeutsche Bildungswesen und die russische Schulpolitik (1937), S. 17-18.

[103] Woltner, M., Das wolgadeutsche Bildungswesen und die russische Schulpolitik (1937), S. 18. Als Gegenbeispiel nennt Woltner die südslavischen Kolonien Neuserbiens. Dort gehörten die Kolonisten dem griechisch-orthodoxen Glauben an und durch diese konfessionelle Zugehörigkeit war ihnen ein Schulwesen nicht gesichert, da Kirche und Schule nicht miteinander verbunden waren. Somit konnte der Staat hier Regelungen zum Schulwesen vornehmen ohne dabei in die Kirchenangelegenheiten einzugreifen, siehe S. 17-18.

rer, um die Jugend in allerlei guten und nützlichen Wissenschaften zu unterrichten" gestellt werden.[104] In einer weiteren Fassung hieß es ferner: „Ebenfalls soll an wohlbestellten öffentlichen Schulen von jeder Religion kein Mangel erscheinen."[105]

Die Lage stellte sich jedoch anders dar. Noch in der zweiten Hälfte des 18. Jahrhunderts war der russischen Regierung die Beschaffenheit der Ländereien in den heutigen Gebieten um Astrachan, Samara und Saratov fast gänzlich unbekannt.[106] Auch machten die an der Wolga und der angrenzenden Steppe angesiedelten Nomadenstämme wie Baschkiren, Kalmücken, Kirgisen und andere, sowie Räuberbanden und Flusspiraten, deren Gruppen teils mehr als 100 Mann zählten, einer Entwicklung dieser Region bisweilen zu schaffen. Und so oblag es den deutschen Kolonisten dieses „wilde" Land mit seinen verwachsenen Ufern an der Wolga und der weiten, baumlosen Steppe, urbar zu machen.[107]

Um die Ansiedlung und Belange der Kolonisten kümmerte sich die bereits erwähnte Vormundschaftskanzlei in St. Petersburg. Zusätzlich dazu wurde im Jahre 1766 für die Verwaltung der Wolga-Kolonien das Vormundschaftskontor in Saratov[108], eine örtliche Abteilung der St. Petersburger Behörde, eröffnet.[109] Dieses Kontor in Saratov war anfangs jedoch dem Ansturm der Einwanderer nicht gewachsen, so dass durch die schlechte Organisation den Kolonisten der Start an der Wolga vielfach erschwert wurde. Klaus spricht dabei von einem „chaotischen Zustand".[110] Es fehlte an medizinischer und geistlicher Betreuung, Zimmerleuten, Bauholz, Geräten, Saatgut und Vieh. Zudem waren die deutschen Siedler im Vergleich zu den wenigen russischen Pionieren bei der Landverteilung benachteiligt und mussten oftmals ihr Weide- und Ackerland auf harten, trockenen, sandigen

---

[104] Erbes, J., Eine Schulfrage der ersten Einwanderer an der Wolga (1929); Woltner, M., Das wolgadeutsche Bildungswesen und die russische Schulpolitik (1937), S. 19.

[105] Kufeld, J., Ein interessanter Contract aus der Zeit der Einwanderung der deutschen Wolga-Kolonisten betreffend die Ansiedlung an der Wolga (1901), Sp. 374 ff.; Woltner, M., Das wolgadeutsche Bildungswesen und die russische Schulpolitik (1937), S. 19.

[106] Vgl. Bauer, G., Geschichte der deutschen Ansiedler an der Wolga (1908), S. 7.

[107] Vgl. Bauer, G., Geschichte der deutschen Ansiedler an der Wolga (1908), S. 7-9 und 20; Stumpp, K., Die Rußlanddeutschen zweihundert Jahre unterwegs (1981), S. 23.

[108] Im Russischen *Контора опекунства иностранных поселенцев в Саратове*.

[109] Vgl. Brandes, D., Deutsche auf dem Dorf und in der Stadt von der Ansiedlung bis zur Aufhebung des Kolonialstatus (1999), S. 17; Pisarevskij, G. G., Chozjastvo i forma zemlevladenija v kolonijach Povolž'ja v XVIII-m i v pervoj četverti XIX-go veka (1916), S. 80-81.

[110] Klaus, A., Unsere Kolonien (2009), S. 184.

und salzigen Böden anlegen. Überschwemmungen, Trockenheit, Sommerfröste, Hagel und Mäuse rafften in etlichen Jahren die Ernte dahin.[111] Planungsfehler beim Aufbau der Kolonien erschwerten fortschreitend das Anlegen neuer Gärten oder die Vergrößerung der Wirtschaftsgebäude, da die Häuser zu eng aneinander gebaut wurden.[112] Auch konnte sich eine Dorfgemeinschaftszugehörigkeit nur schwer entwickeln, da die Kolonisten zwar eine konfessionell homogene Gruppe bildeten, jedoch unterschiedlicher regionaler Herkunft entstammten.[113] Zusätzlich überfielen Baschkiren, Kalmücken, Kirgisen und Flusspiraten die Dörfer und verschleppten alleine im Jahr 1774 über 1.500 Siedler, von denen nur knapp über die Hälfte befreit oder freigekauft werden konnte.[114] Die vorbeiziehenden Truppen von Emel'jan Pugačev, dem berühmten Anführer des nach ihm benannten Bauernaufstandes von 1773 bis 1775, taten ihr Übriges.[115] Im Ergebnis sank die Zahl der Siedler im ersten Jahrzehnt der Kolonisation um 7.387 Personen.[116]

Die Niederlassungen der Kolonisten glichen nach Züges Worten anfangs denen einer „Zigeunerhorde", bestehend aus provisorisch errichteten Häusern aus Strauchwerk und Erde, Reisewagen mit übergezogenen Planen und sogenannten *semljanki*, einfachsten Erdbehausungen.[117] Etwa zeitgleich mit Züge ging auch der von der Zarin zur Erforschung der Wolga-Kolonien beauftragte deutsche Naturwissenschaftler, Entdecker und Pastor Johann Reinhold Forster über die dort vorherrschenden Missstände mit den Behörden vor Ort hart ins Gericht. Die Kolonisten würden „wie lästige Gäste", „sehr unbillig und hart" behandelt.[118] Im Jahre 1773 bemängelte der deutsche Naturforscher und Geograph Peter Simon Pallas fortwährende Mängel seitens der Direktion, so dass er dem Kreis der

---

[111] Vgl. Brandes, D., Die Ansiedlung von Ausländern im Zarenreich unter Katharina II., Paul I. und Alexander I. (1986), S. 176.

[112] Vgl. Birkner, G., Die ökonomische Entwicklung der deutschen Wolga-Kolonien von 1764 bis zum Beginn des 19. Jahrhunderts (1999), S. 373; Brandes, D., Von den Zaren adoptiert (1993), S. 173; Pallas, P. S., Reise durch verschiedene Provinzen des Russischen Reichs (1776), S. 610.

[113] Vgl. Birkner, G., Die ökonomische Entwicklung der deutschen Wolga-Kolonien von 1764 bis zum Beginn des 19. Jahrhunderts (1999), S. 372.

[114] Vgl. Bonwetsch, G., Geschichte der deutschen Kolonien an der Wolga (1919), S. 39; Pisarevskij, G. G., Iz istorii inostrannoj kolonizacii v Rossii v XVIII. v. (1909), S. 8.

[115] Vgl. Birkner, G., Die ökonomische Entwicklung der deutschen Wolga-Kolonien von 1764 bis zum Beginn des 19. Jahrhunderts (1999), S. 373.

[116] Vgl. Bauer, G., Geschichte der deutschen Ansiedler an der Wolga (1908), S. 29.

[117] Züge, C. G., Der russische Colonist (1988), S. 91 und 95.

[118] Schippan, M./ Striegnitz, S., Wolgadeutsche (1992), S. 67.

Wolga-Kolonisten einen „schlechten Fortgang" konstituierte.[119] Lediglich Pleve hält diesem „düsteren Bild" entgegen, dass die tatsächliche Situation in den Anfangsjahren der Kolonialisierung „etwas anders" war. So begannen bereits im Frühjahr 1764 Zimmerleute aus den umliegenden russischen Dörfern Häuser für die deutschen Siedler anzufertigen. Folglich waren bis Ende 1768 insgesamt 3.451 Häuser fertig gestellt, so dass nur in einigen von den Lokatoren angeworbenen Kolonien sich Familien das Haus mit einer anderen Familie teilen mussten. Der Ansicht, wonach die Deutschen „angeblich einige Jahre in Erdhütten zubrachten", widerspricht Pleve.[120] Die wirtschaftliche Situation in den deutschen Kolonien an der Wolga stabilisierte sich allerdings erst ab der zweiten Hälfte der achtziger Jahre des 18. Jahrhunderts merklich.[121]

5.3. Organisation und Aufbau der ersten Schulen durch die Kirche

Trotz dieser widrigen Anfangsverhältnisse musste bei den Ansiedlern das Interesse und Verständnis für die schulische Erziehung nicht erst geweckt werden. Der Unterricht der Jugend war für sie selbstverständlich.[122] Bereits bei der Reise von Deutschland nach Russland wurde „Schule gehalten für die Kinder", wie der Kolonist Philipp Wilhelm Aßmus wiedergab.[123] „Noch in den Winterquartieren, bei der Überfahrt von Oranienbaum nach Saratow haben die Übersiedler für ihre Kinder Schulunterricht veranstaltet" heißt es weiter.[124] Auch der deutsche geistliche Stand fühlte sich traditionell der Erziehung und Belehrung der Jugend verbunden, so wie es zur damaligen Zeit in Deutschland üblich war.[125] Auf diese Besonderheit speziell der evangelischen Kirche weist auch Klaus hin:

> „Besonders bei den Mennoniten und Protestanten war das Bedürfnis nach Schulbildung eine direkte Folge der Konfession. Dieses Bedürfnis prägte sich der Bevölkerung so stark ein, dass jede Siedlung, ob groß

---

[119] Pallas, P. S., Reisen durch verschiedene Provinzen des russischen Reiches in den Jahren 1768-1774, (1776), S. 431.

[120] Pleve, I. R., Einwanderung in das Wolgagebiet 1764-1767 (1999), S. 25.

[121] Vgl. Schmidt, D., Studien über die Geschichte der Wolgadeutschen (1930), S. 123.

[122] Vgl. Beratz, G., Die deutschen Kolonien an der unteren Wolga in ihrer Entstehung und ersten Entwickelung (1923), S. 251-252; Süss, W., Das Schulwesen der deutschen Minderheit in Russland (2004), S. 154; Woltner, M., Das wolgadeutsche Bildungswesen und die russische Schulpolitik (1937), S. 15.

[123] Zitiert nach Beratz, G., Die deutschen Kolonien an der unteren Wolga in ihrer Entstehung und ersten Entwickelung (1923), S. 251.

[124] Zitiert nach Pauli, I.-R., Lübeck – Kronstadt – Saratow (1985), S. 184.

[125] Vgl. Ditc, Ja. E., Istorija povolžskich nemcev-kolonistov (1997), S. 342-343.

oder klein, auf eigenem oder gemietetem Boden, erst dann als komplett galt, wenn in ihrem Zentrum ein Schulgebäude stand."[126]

Diese enge Verbundenheit bestätigt Stricker auch für die katholische Kirche in den deutschen Ansiedlungen an der Wolga: „Der Geistliche war von Amts wegen beauftragt, das Schulwesen in seinem Kirchspiel zu beaufsichtigen."[127] Diese Zusammengehörigkeit wurde dadurch gestärkt, dass sowohl die Kirche als auch die Schule für die Deutschen in Russland als Schutz gegen die Überfremdung und gegen den Verlust der eigenen nationalen Identität sich einsetzte.[128] Die traditionelle „geistige Verwandtschaft" dieser beiden Institutionen schlug sich auch in der personellen Besetzung und den Räumlichkeiten nieder. Als Lehrer der Schulen wurden die Küster eingesetzt beziehungsweise die sogenannten Schulmeister agierten ebenso als Küster.[129] Abgehalten wurde der Unterricht im Bet- und Schulhaus, welches sich im Zentrum der jeweiligen Siedlung direkt in Nachbarschaft zur Kirche befand. Da unmittelbar nach der Gründung der Kolonien noch keine Schulgebäude existierten, versammelte der Schulmeister die Kinder zur Anfangszeit zum Unterricht gewöhnlich in seinem eigenen Haus.[130] Die ersten zwei Kirch- und Schulgebäude entstanden im Sommer des Jahres 1768.[131] Im Jahre 1771 existierten rund dreizehn Schulgebäude in den Kolonien, das heisst in etwa dreizehn Prozent der Kolonien gab es ein Schulhaus.[132] Das Schuljahr 1767/1768, also ein halbes Jahrzehnt nach der Ankunft der ersten Siedler, gilt als das erste

---

[126] Klaus, A., Naši kolonii (1869), S. 377.

[127] Stricker, G., Die Schulen der Wolgadeutschen in der zweiten Hälfte des 19. Jahrhunderts (1994), S. 246.

[128] Vgl. Kahle, W., Zum Verhältnis von Kirche und Schule in den deutschen Siedlungen an der Wolga bis zum Ausbruch des Ersten Weltkrieges (1994), S. 232-233; Schmidt, D., Studien über die Geschichte der Wolgadeutschen (1930), S. 323; Stricker, G., Deutschsprachige Bildungseinrichtungen im Russischen Reich und in der Sowjetunion (1988), S. 162-163; Süss, W., Das Schulwesen der deutschen Minderheit in Russland (2004), S. 155.

[129] Vgl. Beratz, G., Die deutschen Kolonien an der unteren Wolga in ihrer Entstehung und ersten Entwickelung (1923), S. 254-255; Kahle, W., Zum Verhältnis von Kirche und Schule in den deutschen Siedlungen an der Wolga bis zum Ausbruch des Ersten Weltkrieges (1994), S. 237; German, A. A./ Ilarionova, T. S./ Pleve, I. R., Istorija nemcev Rossii (2005), S. 75.

[130] Vgl. Beratz, G., Die deutschen Kolonien an der unteren Wolga in ihrer Entstehung und ersten Entwickelung (1923), S. 256; Erbes, J., Deutsche Volksschule in unseren Wolgakolonien (1906), S. 8; Süss, W., Das Schulwesen der deutschen Minderheit in Russland (2004), S. 155; Woltner, M., Das wolgadeutsche Bildungswesen und die russische Schulpolitik (1937), S. 29-30.

[131] Vgl. Pisarevskij, G. G., Iz istorii inostrannoj kolonizacii v Rossii v XVIII. v. (1909), S. 82.

[132] Vgl. German, A. A./ Ilarionova, T. S./ Pleve, I. R., Istorija nemcev Rossii (2005), S. 76.

offizielle schulische Jahr in den deutschen Ansiedlungen an der südlichen Wolga.[133]

Auch seitens der russischen Regierung wurde eine Verknüpfung zwischen der Geistlichkeit und dem Schulwesen der Wolgadeutschen hergestellt. Und das obwohl sich die Zarenkrone wie im Manifest zugesichert, nicht in die innere Jurisdiktion der Kolonien einmischen wollte. Doch machten der anfängliche Misserfolg des Siedlungswerks, Disziplinlosigkeit und die zahlreichen Unstimmigkeiten zwischen den Kolonisten und den Lokatoren diese Kehrtwende nach Meinung der Regierung notwendig. Zumal innerhalb der Siedlerschaft bis zum Jahr 1768 noch keine Einigung über eine eigene Selbstverwaltungsordnung erzielt wurde. Deswegen verfasste das Kontor in Saratov noch im gleichen Jahr eine Instruktion welche neben dem Verwaltungs- und Gerichtswesen auch die Ausgestaltung des kirchlichen Lebens ordnete.[134] Dabei betrachtete das Kontor die deutsche Geistlichkeit an der Wolga als ordnende und stützende Kraft der Kolonisation. Die sittliche Führung der Kolonien wurde folglich der Geistlichkeit unterstellt. „Das den Kolonisten anfänglich gewährte Privileg, sich für oder gegen die Beschäftigung von Geistlichen zu entscheiden, wich nun dem Zwang, Geistliche unterhalten zu müssen."[135] Dabei trennte die Instruktion den Lehrer nicht vom Geistlichen, sondern betrachtete den Schulmeister und Küster als eine Einheit, dem unter anderem die Ausbildung der Jugendlichen oblag.[136] Dies wird im Wortlaut der Instruktion deutlich:

> „Die Patres und Pastoren sollen nicht allein ihren Gemeinden nach Vorschriften der heiligen Schrift einen lehrreichen [...] Unterricht geben [...] Sowohl der allgemeine als besondere Unterricht der Jugend soll auf die leichteste und verständlichste Art geschehen."[137]

Mit dem Ukaz vom 25. Oktober 1819 und einer Instruktion aus dem Jahre 1840 wurde der „ausschließlich kirchlich-konfessionelle Charakter dieser Schulen"

---

[133] Vgl. Süss, W., Das Schulwesen der deutschen Minderheit in Russland (2004), S. 155.

[134] Vgl. Schmidt, D., Studien über die Geschichte der Wolgadeutschen (1930), S. 108-109; Woltner, M., Das wolgadeutsche Bildungswesen und die russische Schulpolitik (1937), S. 20-22.

[135] Woltner, M., Das wolgadeutsche Bildungswesen und die russische Schulpolitik (1937), S. 23.

[136] Vgl. Süss, W., Das Schulwesen der deutschen Minderheit in Russland (2004), S. 157-158.

[137] Zitiert nach Schmidt, D., Studien über die Geschichte der Wolgadeutschen (1930), S. 111. Quelle: Polnoe Sobranie Zakonov Rossijskoj Imperii, Nr. 19562, § 387.

weiter manifestiert.[138] Diese Einheit blieb bis zur Übergabe der Kirchenschulen an das Ministerium für Volksaufklärung[139] im Jahre 1881 in den Wolga-Kolonien auch bestehen.[140]

5.4. Die drei wolgadeutschen Grundschultypen

5.4.1. Kirchenschulen

Die aus Deutschland mitgebrachte Tradition einer kirchlichen Dorfschule und die gesetzliche Manifestation dieser Schulart durch die russische Regierung, hatten zur Folge, dass die ersten Grund- beziehungsweise Elementarschulen der Wolgadeutschen Kirchenschulen[141] waren.[142] Luchterhandt spricht gleichmeinend davon, dass dieser Typus „die selbstverständliche Form des Schulwesens" an der

---

[138] Erbes, J., Deutsche Volksschule in unseren Wolgakolonien (1906), S. 8.

[139] Im Russischen als *Министерства народного просвещения* bezeichnet, vgl. German, A. A./ Ilarionova, T. S./ Pleve, I. R., Istorija nemcev Rossii (2005), S. 116.

[140] Vgl. Richter-Eberl, U., Lutherisch, katholisch oder deutsch? (1994), S. 164.

[141] Im Russischen *церковная* oder *конфессиональная школа*, vgl. German, A. A./ Ilarionova, T. S./ Pleve, I. R., Istorija nemcev Rossii (2005), S. 74. Aufgrund dieser engen Verzahnung von Kirche und Schule sprechen Kufeld und Süss auch von einer „Katechismusschule", vgl. Kufeld, J., Die Deutschen Kolonien an der Wolga (2000), S. 219; Süss, W., Das Schulwesen der deutschen Minderheit in Russland (2004), S. 180. Kahle merkt dagegen an, dass die eingebürgerte Bezeichnung der Kirchenschule nicht zutreffend sei. Diese Benennung hänge nur damit zusammen, dass die Pastoren bei der Auswahl der Lehrer den notwendigen Rat erteilten. „Eigentliche Kirchenschulen gab es in den Hauptstädten, in denen Gemeinden die volle Verfügung über eine Schule besaßen. Die Bezeichnung hatte auch eine Schutzfunktion. Die den Kirchengemeinden begrifflich so zugeordnete Schule war eine Hilfe vor dem Zugriff von Behörden, die ihren Einfluß in dem unübersichtlichen Schulwesen Rußlands mit verschiedenen Trägern geltend zu machen suchten." Ferner: „Gegenüber dem Fürsorgekontor hatte die Bezeichnung betont, daß die Schule in den Kolonien eine Schule sei, die es mit der Vorbereitung der Konfirmation zu tun habe und deshalb die intensive Zusammenarbeit von Pfarrern und Lehrern erforderte." Vgl. Kahle, W., Zum Verhältnis von Kirche und Schule in den deutschen Siedlungen an der Wolga bis zum Ausbruch des Ersten Weltkrieges (1994), S. 228 und 232.

[142] Vgl. German, A. A./ Ilarionova, T. S./ Pleve, I. R., Istorija nemcev Rossii (2005), S. 74; Woltner, M., Das wolgadeutsche Bildungswesen und die russische Schulpolitik (1937), S. 40-42.

Wolga wurde.[143] Die Schule war als Winterschule ausgelegt, die die Kolonistenkinder sechs Monate von Oktober bis März besuchten.[144] Der Schulbesuch erfolgte vom siebten Lebensjahr an, bis zur Konfirmation beziehungsweise Firmung im 15. Lebensjahr.[145] Der Unterricht selbst fand von acht bis zwölf Uhr vormittags und von vierzehn bis sechzehn Uhr nachmittags statt.[146] Das Ziel des Unterrichts war die Vorbereitung auf die Konfirmation beziehungsweise Firmung und nicht die Allgemeinwissensvermittlung im weltlichen Sinne.[147] So beinhaltete das Lehrprogramm wöchentlich sechs Stunden biblische Geschichte, zwei Stunden Katechismus, zwei Stunden Kirchenlieder und zwei Stunden das Auswendiglernen von Bibelversen. Zusätzlich wurde den Kindern als „Mittel zum kirchlichen Zweck" das Lesen und Schreiben und im geringen Maße auch das Rechnen beigebracht.[148] Russisch wurde nicht unterrichtet. Als Lehrbücher standen in der Anfangszeit lediglich die Bibel, Katechismen und Gesangbücher zur Verfügung. Die Lesefibel wurde erst in der zweiten Hälfte des 19. Jahrhunderts im Wolga-Gebiet eingeführt.[149]

Der Schulbesuch war zu Beginn der Ansiedlungszeit freiwillig, gehörte jedoch zur „guten Sitte".[150] Der wolgadeutsche Pädagoge Sinner merkte an, dass der Unterricht trotz der Freiwilligkeit beinahe von allen Kindern der Kolonien, besonders den Jungen, besucht wurde.[151] Insgesamt wurden die Jungen häufiger zur

---

[143] Auch wenn Luchterhandt die „Vereinigung von Küster- und Lehramt" nicht als „Regel" betrachtet. Vgl. Luchterhandt, O., Die Rechtsstellung der Deutschen vor und nach der Aufhebung der Privilegien (1994), S. 108. Ebenso Woltner, M., Das wolgadeutsche Bildungswesen und die russische Schulpolitik (1937), S. 43-44.

[144] Matthäi gibt wieder, dass aufgrund unterschiedlicher Schulverordnungen in manchen Kolonien auch das gesamte Jahr über Unterricht erteilt wurde, vgl. Matthäi, F., Die deutschen Ansiedlungen in Rußland (1866), S. 273.

[145] German/ Ilarionova/ Pleve sprechen hier vom 14. Lebensjahr, vgl. German, A. A./ Ilarionova, T. S./ Pleve, I. R., Istorija nemcev Rossii (2005), S. 74.

[146] Bonwetsch und Luchterhandt sprechen vom Unterricht bis siebzehn Uhr, vgl. Bonwetsch, G., Geschichte der deutschen Kolonien an der Wolga (1919), S. 80; Luchterhandt, O., Die Rechtsstellung der Deutschen vor und nach der Aufhebung der Privilegien (1994), S. 108.

[147] Vgl. German, A. A./ Ilarionova, T. S./ Pleve, I. R., Istorija nemcev Rossii (2005), S. 74; Schmidt, D., Studien über die Geschichte der Wolgadeutschen (1930), S. 201.

[148] Schmidt, D., Studien über die Geschichte der Wolgadeutschen (1930), S. 201.

[149] Vgl. Stricker, G., Deutschsprachige Bildungseinrichtungen im Russischen Reich und in der Sowjetunion (1988), S. 165; Süss, W., Das Schulwesen der deutschen Minderheit in Russland (2004), S. 155-156.

[150] Süss, W., Das Schulwesen der deutschen Minderheit in Russland (2004), S. 156.

[151] Vgl. Sinner, P., Kurzgefaßte Geschichte der deutschen Wolgakolonien (1923), S. 22.

Schule geschickt als die Mädchen. Auch wurde das Schreiben und Rechnen für gewöhnlich nur den Jungen beigebracht, während man dies für die Mädchen als überflüssig bewertete.[152] Der obligatorische Schulbesuch in den Kolonien sowohl für Jungen als auch Mädchen wurde im Jahre 1840 eingeführt. Ab diesem Zeitpunkt wurde bei einem Fehlen der Schüler durch die zuständige Gemeindebehörde ein festgelegtes Strafgeld von den Eltern eingezogen.[153]

Das kirchliche Dorfschulwesen war in den ersten Jahren aufgrund der wirtschaftlichen Lage der Kolonien nur „dürftig" eingerichtet.[154] Auch der Revisionsbericht – zitiert nach Klaus aus dem Schuljahr 1867/1868 in Grimm, einem protestantischem Dorf am Ufer des Flusses Lesnoj Karamyš, 80 Kilometer südwestlich von Saratov – lieferte ein hartes Urteil über die wolgadeutschen Kirchenschulen[155]:

> „Das Schulhaus hat ein anständiges Äußeres, ist von beachtlicher Größe und besteht aus einem Saal mit 18 Fenstern an der Langseite. Ich fand darin 450 Lernende – darunter ca. 100 Mädchen im Alter von 7 bis 15 Jahren. Das war aber nur die Hälfte – die sog. Vormittagsschule. Die übrigen 450 Kinder kommen am Nachmittag zum Unterricht. Alle saßen auf sehr schmalen, dünnen und langen Brettern oder Bänken und hielten ihre Bücher frei in den Händen, weil keine Tische vorhanden waren. Der Lehrer hatte einen Gehilfen, der sich mit den ABC-Schützen (ca. 100) mit halblauter Stimme, und zwar mit jedem einzelnen, beschäftigte, während der Lehrer das laute Lesen der Testamentschüler abhörte. Die Antworten in den übrigen Lehrfächern wurden ständig in laut schallendem Chor gegeben. Am Fenster erblickte ich eine frische Weidenrute von einem halben Zoll Stärke und einem Aršin [1 Aršin entspricht 0,71 Meter, A. R.]. Die Kinder saßen sehr dicht gedrängt in von Schnee durchnäßten Oberkleidern und Schuhen. Fast allen stand der Schweiß auf dem Gesicht. Ungeachtet dessen, daß die Sonne am Morgen schien, konnte man im Saal kaum lesen – dermaßen war er voller Dampf. [...] Man kann sich schon denken, daß unter solchen Verhältnissen von einem Unterricht im Sinne einer geistigen Entwicklung auch keine Rede sein konnte. Alles beschränkte sich auf die strenge Erhaltung der Schuldisziplin, ohne

---

[152] Vgl. Süss, W., Das Schulwesen der deutschen Minderheit in Russland (2004), S. 156.

[153] Vgl. Luchterhandt, O., Die Rechtsstellung der Deutschen vor und nach der Aufhebung der Privilegien (1994), S. 109.

[154] Schmidt, D., Studien über die Geschichte der Wolgadeutschen (1930), S. 201.

[155] Vgl. Stricker, G., Die Schulen der Wolgadeutschen in der zweiten Hälfte des 19. Jahrhunderts (1994), S. 249.

> welche es selbstverständlich auch nicht möglich war, diese Masse von lebendigen Körpern in unbeweglicher Ordnung zu halten. [...] 'Ich lese' - so erklärte ein Lehrer, 'den Schülern jede Frage 30-50 mal vor und lasse die Schüler dieses nachmachen. Dann lasse ich dasselbe alle 50-100 mal nacheinander singend hersagen, dann gebe ich 5-10 Schläge auf die Hände demjenigen, der mir das nicht auswendig hersagen kann.'"[156]

Auch wenn dieses Bild laut Kufeld „stark gefärbt ist" und „wenigstens nicht überall" dergleichen kümmerlich war, war die Lage um das Schulwesen in den Wolga-Kolonien tatsächlich schlecht bestellt.[157] Im Jahre 1893 existierten 193 Kirchenschulen im Wolga-Gebiet.[158]

5.4.2. Private Gesellschafts- und Genossenschaftsschulen

Diese Zustände in den Kirchenschulen waren auch die Ursache für das Entstehen der sogenannten privaten[159] Gesellschafts- beziehungsweise Genossenschaftsschulen[160]. Dieser Schultypus entstand zu Mitte des 19. Jahrhunderts zunächst in größeren deutschen Ortschaften an der Wolga auf Initiative wohlhabender Kolonisten.[161] Damit sollte den Kindern eine bessere und säkulare Ausbildung ermöglicht werden, als dies an den überfüllten kirchlichen Dorfschulen der Fall war. Das kostenpflichtige Lehrprogramm ging folglich auch über religiöse Fächer hinaus. Dabei bildeten Arithmetik, Deutsch, Geographie, Religion und Russisch das Grundangebot. An zahlreichen Genossenschaftsschulen war das Angebot entschieden breiter. Auch waren die Lehrer meist besser ausgebildet und besser vergütet. Die Anzahl der Kinder in den Klassen war auch überschaubarer, verglichen

---

[156] Zitiert nach Klaus, A., Naši kolonii (1869), S. 211-212.

[157] Kufeld, J., Die Deutschen Kolonien an der Wolga (2000), S. 220.

[158] Vgl. Süss, W., Das Schulwesen der deutschen Minderheit in Russland (2004), S. 180.

[159] Über den Anfang der privaten Schulen und kleinere privaten Schulen, vgl. Süss, W., Das Schulwesen der deutschen Minderheit in Russland (2004), S. 182-186.

[160] Im Russischen *товарищеская школа*, vgl. Süss, W., Das Schulwesen der deutschen Minderheit in Russland (2004), S. 186. In der Literatur ist auch teils von deutsch-russischen privaten Gesellschafts- beziehungsweise Genossenschaftsschulen die Rede. Dabei bezieht sich „deutsch-russisch" auf die beiden angebotenen Unterrichtssprachen, vgl. Hölzl, J., Das Schulwesen der deutschen Minderheit in Russland (2013), S. 77.

[161] Erbes datiert die Entstehung dieser Schulart in den Wolga-Kolonien auf die 1840er Jahre, vgl. Erbes, J., Deutsche Volksschule in unseren Wolgakolonien (1906), S. 9. Hölzl gibt dagegen an, dass die Gesellschaftsschulen in den 1870er Jahren gegründet wurden, vgl. Hölzl, J., Das Schulwesen der deutschen Minderheit in Russland (2013), S. 76.

mit der Kirchenschule.[162] Der Unterricht dauerte in der Regel von acht bis zwölf Uhr vormittags und von vierzehn bis sechzehn Uhr nachmittags. Körperliche Züchtigungen gab es laut den Erinnerungen eines ehemaligen Schülers nicht.[163] Vielmehr basierte das Verhältnis zu den Schülern auf demokratisch pädagogischen Verhältnissen.[164]

Weil die deutschen Kolonisten „mehr und mehr die Notwendigkeit von Russischkenntnissen eingesehen hätten", wuchs die Zahl der Schüler der Gesellschafts- und Genossenschaftsschulen kontinuierlich an.[165] Auch stieg das Interesse am Besuch dieser Schulen nach Einführung der Wehrpflicht im Jahre 1874, da den Absolventen eine Minderung der Wehrdienstzeit eingeräumt wurde.[166] Die meisten privaten Gesellschafts- beziehungsweise Genossenschaftsschulen befanden sich im Kreis Kamyšin, wo aufgrund der dort vorherrschenden Sarpinka-Industrie den Bewohnern mehr finanzielle Mittel für die Bildung zur Verfügung standen.[167] Im Jahre 1871 gab es in und um Kamyšin fünf Schulen dieses Typs, 1877 waren es 21 Schulen und 1886 bereits 28 Schulen.[168] In den 80er und 90er Jahren des 19. Jahrhunderts besaßen die deutsch-russischen Genossenschaftsschulen bereits einen sehr guten Ruf. Manche dieser Schulen entwickelten sich bis zum Niveau eines Progymnasiums und wurden somit zum Bildungszentrum ihres Amtsbezirks.[169] Die deutsch-russischen Gesellschafts- beziehungsweise Genossenschaftsschulen waren zu Beginn rein private, von wohlhabenden Kolonisten getragene Anstalten. Spätestens mit der Errichtung sogenannter Zemstvo-Schulen,

---

[162] Vgl.Hölzl, J., Das Schulwesen der deutschen Minderheit in Russland (2013), S. 76-77; Stricker, G., Die Schulen der Wolgadeutschen in der zweiten Hälfte des 19. Jahrhunderts (1994), S. 255-256.

[163] Vgl. Fischer, G., Erinnerungen aus meiner Schulzeit (1925), S. 511-512.

[164] Vgl. Süss, W., Das Schulwesen der deutschen Minderheit in Russland (2004), S. 186-187.

[165] Stricker, G., Die Schulen der Wolgadeutschen in der zweiten Hälfte des 19. Jahrhunderts (1994), S. 256.

[166] Vgl. Süss, W., Das Schulwesen der deutschen Minderheit in Russland (2004), S. 180.

[167] Kufeld gibt an, dass die meisten Gesellschaftsschulen besonders auf der Bergseite entstanden, vgl. Kufeld, J., Die Deutschen Kolonien an der Wolga (2000), S. 223.

[168] Vgl. Long, J. W., The Volga Germans and the Zemstvos 1865-1917 (1982), S. 347; Süss, W., Das Schulwesen der deutschen Minderheit in Russland (2004), S. 187.

[169] Vgl. Süss, W., Das Schulwesen der deutschen Minderheit in Russland (2004), S. 188-189.

die entweder ganz oder zumindest teilweise von den Landämtern getragen wurden, erhielten auch die Genossenschaftsschulen ebenso staatliche Zuschüsse.[170]

5.4.3. Staatliche deutsche Zemstvo-Schulen

Mit der Bildung der Landämter, sogenannter Zemstva[171], im Zuge liberaler Reformen im russischen Kaiserreich im Jahre 1864, wurden die Zemstvo-Schulen[172] geschaffen. Die erste Schule dieser Art wurde 1866 in der Kolonie Mariental im Kreis Novouzensk eröffnet. Bereits im Jahre 1909 machten die Zemstvo-Schulen rund ein Drittel aller deutschen Volksschulen aus.[173] Hauptanliegepunkt der Landämter war die Vermittlung der russischen Sprache in den deutschen Kolonien. Dazu wurden in den Zemstvo-Schulen Russischlehrer mit einer höheren beruflichen Qualifikation eingesetzt. Ferner wurden unentgeltliche Bibliotheken mit russischer Literatur von den Landämtern eingerichtet. Auch die bestehenden deutschen Schulen wurden auf Veranlassung der Zemstva mit russischen Lehrbüchern versorgt.[174] Nachdem in den deutschen Kolonien die Tendenz aufkam sich gegen die Einstellung rein russischsprachiger Lehrer zu wehren, deren Stellen auch von der Gemeinde finanziell getragen werden mussten, forderte der Gouverneur Stolypin mit einer Vorschrift vom 28. Januar 1906 von den Leitern der Landämter des Gouvernements Saratov:

> „Der Trieb der örtlichen Bevölkerung zur Vertreibung der Lehrer für russische Sprache durch die Kürzung des Gehalts und die Verweigerung der Mietzahlungen sind widerrechtlich, und sie haben die frühere Ordnung wiederherzustellen."[175]

---

[170] Vgl. Long, J. W., From Privileged to Dispossesed (1988), S. 174-175; Stricker, G., Die Schulen der Wolgadeutschen in der zweiten Hälfte des 19. Jahrhunderts (1994), S. 256.

[171] Im Russischen Singular земство.

[172] In der Literatur auch unter der Bezeichnung als Landamtsschulen anzutreffen, vgl. Stricker, G., Die Schulen der Wolgadeutschen in der zweiten Hälfte des 19. Jahrhunderts (1994), S. 256. Der Unterschied zu russischen Zemstvo-Schulen bestand darin, dass in den deutschen Zemstvo-Schulen neben Russisch auch Deutsch unterrichtet wurde und dass der Religionsunterricht nach evangelischem und katholischen Bekenntnis ebenfalls in der Sprache der Kolonisten abgehalten wurde, vgl. Süss, W., Das Schulwesen der deutschen Minderheit in Russland (2004), S. 181.

[173] Long spricht gar von 44 Prozent, vgl. Long, J. W., The Volga Germans and the Zemstvos 1865-1917 (1982), S. 348.

[174] Vgl. Süss, W., Das Schulwesen der deutschen Minderheit in Russland (2004), S. 189-196.

[175] Zitiert nach Süss, W., Das Schulwesen der deutschen Minderheit in Russland (2004), S. 194. Quelle: Gosudarstvennyj Archiv Saratovskoj Oblasti (GASO), F. 13, d. 3100, 1. 26.

In manchen Ortschaften wurden die Vorsteher daraufhin entlassen und verhaftet.[176] Zu Beginn des Ersten Weltkrieges spitzte sich die Situation noch einmal zu. So leitete der Inspektor der Volksschulen dem Ortsvorsteher der Kolonie Neu-Dönhof im Kreis Olešnja folgende Nachricht zu:

> „Wenn der Schulmeister ohne einen Lehrer für russische Sprache den Unterricht in der Schule führt, wird er gesetzlich wegen der 'heimlichen Lehrtätigkeit in der Schule' verfolgt werden."[177]

Nichts desto trotz fanden die Zemstvo-Schulen eine „erstaunlich rasche Akzeptanz" unter den Wolga-Kolonisten. Dies liegt – ähnlich wie bei den Gesellschaftsschulen – darin begründet, dass an den Landamtsschulen ein „unvergleichlich besserer Unterricht" geboten wurde als an den Kirchenschulen.[178] Nicht nur die Anzahl der Unterrichtsfächer, sondern auch die Qualifikation der Lehrer überzeugte die deutsche Bevölkerung an der Wolga. Zudem erachteten die Kolonisten das Erlernen der russischen Sprache letztlich als wichtige Voraussetzung für den sozialen Aufstieg und wirtschaftlichen Wohlstand ihrer Kinder.[179]

5.5. Die Schulmeister

5.5.1. Schwere erste Jahre

Eine Schlüsselposition in der Entwicklung des wolgadeutschen Schulwesens nahmen die sogenannten Schulmeister[180] ein. Dieser besondere Typus des Lehrers entwickelte sich unter anderem aus der pastoralen Notlage in den Kolonien der Anfangszeit heraus, so dass bereits ab 1769 damit begonnen wurde das Küstermit dem Lehramt zu vereinen.[181] Die Kolonisten hielten an dieser Vereinigung umso stärker fest, da die gleichzeitige Besoldung sowohl eines Lehrers wie auch

---

[176] Vgl. Süss, W., Das Schulwesen der deutschen Minderheit in Russland (2004), S. 194.

[177] Zitiert nach Süss, W., Das Schulwesen der deutschen Minderheit in Russland (2004), S. 195; Quelle: Gosudarstvennyj Archiv Saratovskoj Oblasti (GAVO), 1. 50.

[178] Süss, W., Das Schulwesen der deutschen Minderheit in Russland (2004), S. 196-196.

[179] Vgl. Long, J. W., The Volga Germans and the Zemstvos 1865-1917 (1982), S. 347.

[180] Im Russischen шульмейстер oder auch шульгалтер, vgl. German, A. A./ Ilarionova, T. S./ Pleve, I. R., Istorija nemcev Rossii (2005), S. 76.

[181] Woltner spricht dagegen davon, dass die Vereinigung von Küster- und Lehramt „nicht die Regel" war, vgl. Woltner, M., Das wolgadeutsche Bildungswesen und die russische Schulpolitik (1937), S. 43-44. Ebenso Luchterhandt, O., Die Rechtsstellung der Deutschen vor und nach der Aufhebung der Privilegien (1994), S. 108.

Küsters ihnen vor allem in kleinen Ansiedlungen schwer gefallen war.[182] Deswegen verwendet die Literatur auch häufig den Begriff des Küsterlehrers für diese Berufsbezeichnung.[183] In der Anfangszeit wurden die Schulmeister einfach aus den Reihen der Einwanderer rekrutiert. Zur Gründungszeit der Wolga-Kolonien befanden sich nämlich genügend Personen mit einer ausreichenden Bildung für das Lehreramt. Darunter waren zahlreiche Kolonisten, die in Deutschland studiert hatten, und auch einige Pädagogen waren unter ihnen dabei.[184] Da die zaristische Krone alle Siedler der Wolga-Kolonien – unabhängig von ihrer erlernten und ausgeübten Tätigkeit in Deutschland und entgegen dem Berufungsmanifest – in einer Reihe von Anordnungen sowie unter Androhung von Strafen und dem Entzug der Verpflegungsgelder zur Feldarbeit auf dem zugewiesenen Land zwang[185], versuchten viele der gebildeten Übersiedler sich zudem im Amt des Schulmeisters „um sich aus der ungewohnten Rolle eines Bauern zu befreien".[186]

Dabei war die für das Amt gewährte Besoldung „recht bescheiden".[187] Der russische Staat erklärte am 3. November 1763 für die Entlohnung der Küsterlehrer lediglich für einen Zeitraum von bis zwei Jahren nach der Koloniegründung aufzukommen. Die Bezahlung über diese Periode hinaus musste somit von den Gemeinden und letztlich damit von den Kolonisten selbst getragen werden, die sich daraus auch das Recht über die Wahl der Lehrer ableiteten.[188] Und während das Gehalt für die Pfarrer dasselbe blieb sowie amtlich festgesetzt wurde[189], bürgerte

---

[182] Vgl. Beratz, G., Die deutschen Kolonien an der unteren Wolga in ihrer Entstehung und ersten Entwickelung (1923), S. 254-255; Biereigel, I./ Böttger, C./ Dittrich, G./ Förster, W./ Fischer, W., Die Deutschen in Rußland (1998), S. 42, Süss, W., Das Schulwesen der deutschen Minderheit in Russland (2004), S. 159-161.

[183] Vgl. Hölzl, J., Das Schulwesen der deutschen Minderheit in Russland (2013), S. 87; Süss, W., Das Schulwesen der deutschen Minderheit in Russland (2004), S. 159.

[184] Vgl. Ditc, Ja. E., Istorija povolžskich nemcev-kolonistov (1997), S. 343.

[185] Vgl. Birkner, G., Die ökonomische Entwicklung der deutschen Wolga-Kolonien von 1764 bis zum Beginn des 19. Jahrhunderts (1999), S. 375-379; Schmidt, D., Studien über die Geschichte der Wolgadeutschen (1930), S. 90.

[186] Beratz, G., Die deutschen Kolonien an der unteren Wolga in ihrer Entstehung und ersten Entwickelung (1923), S. 253.

[187] Süss, W., Das Schulwesen der deutschen Minderheit in Russland (2004), S. 160.

[188] Vgl. Bonwetsch, G., Geschichte der deutschen Kolonien an der Wolga (1919), S. 75; Bourret, J.-F., Les Allemands de la Volga (1986), S. 156; Süss, W., Das Schulwesen der deutschen Minderheit in Russland (2004), S. 161; Woltner, M., Das wolgadeutsche Bildungswesen und die russische Schulpolitik (1937), S. 98.

[189] Vgl. Stricker, G., Deutschsprachige Bildungseinrichtungen im Russischen Reich und in der Sowjetunion (1988), S. 164.

sich nun in den Kolonien „immer stärker die Unsitte ein, das Lehramt an denjenigen zu vergeben, der sich gegen das geringste Entgelt zur Übernahme des Jugendunterrichts bereit erklärte."[190] Oft kam es hierbei zu einem Disput zwischen Geistlichkeit und Gemeinde, wie Bonwetsch berichtet:

> „In Talowka ist es darüber zu Beginn des Jahres 1815 zu einem scharfen Zusammenstoß zwischen Pfarrer und Gemeinde gekommen. Als diese wieder einmal einen verdienten Schulmeister absetzen und einen billigeren, aber unwissenden annehmen wollte, reichte der Pastor Otto eine Klage beim Kontor ein. Dieses bestätigte zwar das Recht der Geistlichen, die Ein- und Absetzung der Lehrer zu genehmigen oder zu verhindern, tat aber nichts, um dieser Entscheidung Nachdruck zu geben. So blieb sie wirkungslos, und die Gemeinde setzte ihren Willen durch."[191]

Zusätzlich wurden oftmals mit den Schulmeistern nur Jahresverträge abgeschlossen, um die Möglichkeit zu haben das Gehalt im kommenden Jahr noch weiter zu drücken.[192] Folglich waren die Einkünfte der Lehrer in den Wolga-Kolonien so gering, dass diese gezwungen waren sich einen Nebenerwerb zu suchen.[193] In der schulfreien Zeit im Frühling, Sommer und Herbst arbeiteten die Küsterlehrer in ihren Kolonien oft als Gemeindehirten.[194]

> „Известен факт, когда в 1780 г. колонист Иоганн Генрих фон Зейдлиц заключил с обществом колонии Липов Кут договор, по которому он был приглашён на работу как школьный учитель и пастух."[195]

Zudem lasteten auf dem Schulmeister die kirchlichen Aufgaben. „Es war ihm eine ungeheure Arbeitslast aufgebürdet, er war 'Mädchen für alles'."[196] Vor allem in

---

[190] Woltner, M., Das wolgadeutsche Bildungswesen und die russische Schulpolitik (1937), S. 47.

[191] Bonwetsch, G., Geschichte der deutschen Kolonien an der Wolga (1919), S. 75.

[192] Vgl. Stricker, G., Deutschsprachige Bildungseinrichtungen im Russischen Reich und in der Sowjetunion (1988), S. 164.

[193] Vgl. Bonwetsch, G., Geschichte der deutschen Kolonien an der Wolga (1919), S. 75-76; Woltner, M., Das wolgadeutsche Bildungswesen und die russische Schulpolitik (1937), S. 47.

[194] Vgl. Kahle, W., Zum Verhältnis von Kirche und Schule in den deutschen Siedlungen an der Wolga bis zum Ausbruch des Ersten Weltkrieges (1994), S. 226.

[195] German, A. A./ Ilarionova, T. S./ Pleve, I. R., Istorija nemcev Rossii (2005), S. 76.

[196] Kufeld, J., Die Deutschen Kolonien an der Wolga (2000), S. 335.

Abwesenheit des Pastors hatte der Küsterlehrer den sonntäglichen Gottesdienst zu halten, Taufen durchzuführen, Kinder auf die Konfirmation beziehungsweise Firmung vorzubereiten und die Verstorbenen zu bestatten.[197] Auch sah man sich in vielen Fällen genötigt dem Schulmeister zusätzlich die Pflichten des Kolonieschreibers zu übertragen.[198]

Hinzu kam, dass die Schulmeister sehr große Klassen unterrichten mussten. Im Jahre 1823 kamen auf 10.890 Schulkinder nur 73 Lehrer.[199] Dabei spricht auch Bonwetsch von einzelnen Zuständen, in denen mehr als 400 oder in Norka gar 1.100 Schüler von einem einzigen Lehrer und einem Gehilfen unterrichtet wurden. Ferner verschlimmere sich diese Lage von Jahr zu Jahr analog zum Bevölkerungswachstum in den Wolga-Kolonien.[200] Dabei standen den Lehrern oftmals lediglich Bibeln und Gesangbücher als Unterrichtsmaterialien zur Verfügung. Die Anschaffung, der im späten 19. Jahrhundert eingeführten Fibeln, wurde von den Kolonisten aus Kostengründen meist abgelehnt. Erschwerend war auch, dass häufig sich die Kolonisten in die Tätigkeit des Schulmeisters einmischten, „sei es in Fragen des Unterrichts, sei es wegen unangemessener Behandlung der eigenen Kinder".[201] Auch wurden die Kinder häufig von ihren Eltern vom Schulbesuch abgehalten, „da ihre Arbeitskraft auf dem Bauernhof benötigt wurde".[202] Ferner erhielten die Lehrer nicht die geringste Unterstützung in ihrer Autorität von Seiten der Eltern, da diese die Schulmeister als finanziellen Ballast betrachteten.[203] Und da die Lehrer daran interessiert waren am Jahresende ihren Vertrag mit der Gemeinde verlängert zu bekommen, gerieten sie in Abhängigkeit von den Eltern und hatten kaum Möglichkeiten sich gegen diesen Zustand zu wehren.[204]

---

[197] Vgl. Ditc, Ja. E., Istorija povolžskich nemcev-kolonistov (1997), S. 344-345; Stricker, G., Die Schulen der Wolgadeutschen in der zweiten Hälfte des 19. Jahrhunderts (1994), S. 251.

[198] Vgl. Süss, W., Das Schulwesen der deutschen Minderheit in Russland (2004), S. 161.

[199] Vgl. Feßler, I., Rückblicke auf eine siebzigjährige Pilgerschaft (1824), 398.

[200] Vgl. Bonwetsch, G., Geschichte der deutschen Kolonien an der Wolga (1919), S. 79.

[201] Süss, W., Das Schulwesen der deutschen Minderheit in Russland (2004), S. 162.

[202] Eisfeld, A., Die Russland-Deutschen (1992), S. 61.

[203] Vgl. Bonwetsch, G., Geschichte der deutschen Kolonien an der Wolga (1919), S. 76; Woltner, M., Das wolgadeutsche Bildungswesen und die russische Schulpolitik (1937), S. 94-95.

[204] Vgl. Stricker, G., Deutschsprachige Bildungseinrichtungen im Russischen Reich und in der Sowjetunion (1988), S. 165; Süss, W., Das Schulwesen der deutschen Minderheit in Russland (2004), S. 162.

Schließlich kam es nach dem Ableben der ersten Generation an Schulmeistern zu einem erheblichen Mangel an verhältnismäßig geeignetem Personal für den Lehrerberuf in den Kolonien. Und so mussten die freien Plätze mit Kandidaten besetzt werden, die über keine pädagogische Vorbildung besaßen. Meist wurde die zweite Lehrergeneration in den Wolga-Kolonien aus den besseren Zöglingen der Kirchenschulen komplettiert. Die dritte Generation in der Position des Schulmeisters war in Beratz Worten „ein hinter dem Pfluge weggenommener Bauer [...] mit dem Unterschiede, daß er flott lesen und schlecht schreiben konnte."[205] Oder in Strickers Worten: „eine kräftige Stimme und kräftige Hand galten als wichtigste Voraussetzung."[206] Und so begann das Niveau in den Kolonistenschulen zu sinken.[207] Die Revision des Jahres 1862 ergab, dass die Gruppe der 30- bis 60-Jährigen besser lesen, schreiben und rechnen konnte, als die der 15- bis 30-Jährigen.[208] Und bereits im Jahre 1815 beklagte sich Professor Johann Friedrich Erdmann auf seiner Schulvisitation durch die Wolga-Gebiete über den Zustand der dortigen Schulen:

> „Der Unterricht gerät in Verfall [...] Diese trübe Aussicht in die Zukunft mußte mir an sich schon schmerzlich sein, da sich die gerechten Wünsche des Weltbürgers in ihr vereitelt zeigen. Sie mußte mir aber doppelt empfindlich werden, da sie das Schicksal der Nachkommen meiner eigenen Nation betrifft."[209]

5.5.2. Feßlers Reformen

Aufgrund dieser schlechten Zustände waren bereits in der ersten Hälfte des 19. Jahrhunderts die Pastoren Johann Samuel Huber, Carl Friedrich Georg Conrady und Superintendent Ignaz Aurelius Feßler mit Reformprogrammen für die Kolonistenschulen hervorgetreten, wobei besonderes Gewicht auf die Lehrerausbildung gelegt wurde. Der einzig greifbare Erfolg ging dabei laut Stricker auf die

---

[205] Beratz, G., Die deutschen Kolonien an der unteren Wolga in ihrer Entstehung und ersten Entwickelung (1923), S. 258.

[206] Stricker, G., Deutschsprachige Bildungseinrichtungen im Russischen Reich und in der Sowjetunion (1988), S. 165.

[207] Vgl. German, A. A., Ilarionova, T. S. und Pleve, I. R. sprechen von einer Gründung Ende der 1550er Jahre, vgl. Istorija nemcev Rossii (2005), S. 115; Stricker, G., Deutschsprachige Bildungseinrichtungen im Russischen Reich und in der Sowjetunion (1988), S. 165; Süss, W., Das Schulwesen der deutschen Minderheit in Russland (2004), S. 161-162.

[208] Vgl. Schulwesen in den Kolonien (1865), Kurze Beleuchtung des Artikels über das Schulwesen in den evangelischen Kolonien (1865).

[209] Zitiert nach Schmidt, D., Studien über die Geschichte der Wolgadeutschen (1930), S. 202.

Bemühungen Feßlers zurück.[210] Feßler wurde am 25. Oktober 1819 als „Superintendent, Bischof und geistlicher Präses des [neu geschaffenen, A. R.] Saratover Konsistoriums" berufen.[211] Das Konsistorium erhielt die Aufgabe:

> „Für die Aufrechterhaltung der reinen Lehre des Evangeliums und der allgemeinen Moralität in den ihm untergeordneten Gemeinden Sorge zu tragen, insbesondere aber für die Amtsführung der Prediger und Kirchendiener und über die gute Ordnung in den bei den Kirchen befindlichen Schulen zu wachen."[212]

Als Feßlers „rechte Hand" agierte der oben bereits genannte Pastor Huber. Dabei umfasste ihr Wirkungsgebiet nicht nur die Wolga-Kolonien, sondern auch neun umliegende Gouvernements, ein Gebiet welches mit über 1.113.00 Quadratkilometern eine der größten lutherischen Diözesen der Welt darstellte.[213] Für sein Reformvorhaben führte Feßler zunächst längere Rundreisen durch die deutschen Kolonien an der Wolga durch, wie beispielsweise jene im Juni und Juli des Jahres 1820. Dabei berichtete er voller Sorge:

> „Vor Errichtung des Consistoriums wurde auf den Colonien das Schulamt fast alle Jahre, wie in deutschen Städten die Strassenbeleuchtung, an den Mindestfordernden ausgeboten; die Pastoren waren dabei gar nicht zu Rathe gezogen worden [...] In der Regel betrachtet der Colonist den Schulmeister als eine Gemeindelast; hat für den Unterricht seiner Kinder nicht das geringste Interesse; verbraucht und verkrüppelt sie lieber in der Wirtschaft; ein Bauernknecht oder Viehhirt im Dorfe wird besser besoldet, als der Schulmeister. Daher kommt, dass eine grosse Anzahl Kinder, nach sieben halbjährigem Schulgange noch nicht im Stande ist, richtig und fertig zu lesen; und doch lässt sich für

---

[210] Vgl. Stricker, G., Deutschsprachige Bildungseinrichtungen im Russischen Reich und in der Sowjetunion (1988), S. 165-166.

[211] Barton, P. F., Ignatius Aurelius Feßler (1969), S. 499.

[212] Zitiert nach Woltner, M., Das wolgadeutsche Bildungswesen und die russische Schulpolitik (1937), S. 106. Quelle: Polnoe Sobranie Zakonov Rossijskoj Imperii, Nr. 27953, 1819.

[213] Vgl. Barton, P. F., Ignatius Aurelius Feßler (1969), S. 498-499 und 510. Vorher haben den aus der österreichischen Monarchie stammenden Feßler „über recht seltsame Wege" Stationen vom Kapuzinermönch in Ungarn zum Freimaurer in Preußen und schließlich zum Professor nach St. Petersburg geführt, bis er letztlich über eine Begegnung mit der Herrnhuter Gemeinde in Sarepta in die Wolga-Kolonien gelangte, vgl. Kahle, W., Zum Verhältnis von Kirche und Schule in den deutschen Siedlungen an der Wolga bis zum Ausbruch des Ersten Weltkrieges (1994), S. 230. Für weitere Details sei auf die Biographie von Barton verwiesen, insbesondere auf das Kapitel „Der Bischof von Saratov", siehe Barton, P. F., Ignatius Aurelius Feßler (1969), S. 487-551.

die Zukunft alle Verbesserung des religiösen und sittlichen, wirthschaftlichen und bürgerlichen Zustandes der Colonisten nur von besser erzogener und unterrichteter Jugend erwarten."[214]

Anschließend machte Feßler sich rastlos an die Arbeit das wolgadeutsche Schulsystem zu reformieren, wobei er Verbesserungen nicht durch „kleine Flickereien", sondern durch eine „totale Reorganisation" der bestehenden Ordnung zu erzielen versuchte.[215] Zunächst wurde versucht für diese Aufgabe Pfarrer zu berufen, die gewillt waren die Reformen in den einzelnen Kolonien mitzutragen. Dies gelang vor allem durch Feßlers Verbindungen zu der Herrnhuter Brüdergemeinde in Sarepta.[216] Feßler bemühte sich auch die beiden evangelischen Kirchen für sein Vorhaben zu vereinigen, was ihm mit der Union von lutherischer und reformierter Gemeinde in Katharinenstadt – dem heutigen Marx – erstmals 1820 gelang. Auch schaffte Feßler es im darauf folgenden Jahr das Grundgehalt der Pfarrer zu erhöhen.[217] Schließlich machte sich der Superintendent daran die soziale Stellung der Schulmeister zu heben.[218] Dazu wurde die Schulfrage auf die Tagesordnung der ersten von Feßler berufenen Synode gesetzt. Dort ist diese Frage auch stets „Sorgenthema der Synoden" geblieben.[219] Feßler erreichte im Jahre 1821, dass die Wahl der Schulmeister den Gemeinden entzogen und wieder den jeweiligen Pastoren in den einzelnen Wolga-Kolonien übertragen wurde, wie in früheren Zeiten.[220] Die Bestätigung der Wahl oblag zusätzlich final dem Superintendenten. Zudem mussten die künftigen Lehrer vor ihrer Anstellung ihre Befähigung vor dem Saratover Konsistorium in einem Examen nachweisen. Dass Feßler

---

[214] Feßler, I., Rückblicke auf eine siebzigjährige Pilgerschaft (1824), 251.

[215] Barton, P. F., Ignatius Aurelius Feßler (1969), S. 509.

[216] Vgl. Kahle, W., Zum Verhältnis von Kirche und Schule in den deutschen Siedlungen an der Wolga bis zum Ausbruch des Ersten Weltkrieges (1994), S. 230.

[217] Vgl. Bonwetsch, G., Geschichte der deutschen Kolonien an der Wolga (1919), S. 74.

[218] Vgl. Bonwetsch, G., Geschichte der deutschen Kolonien an der Wolga (1919), S. 75-76; Kufeld, J., Die Deutschen Kolonien an der Wolga (2000), S. 335.

[219] Bonwetsch, G., Geschichte der deutschen Kolonien an der Wolga (1919), S. 77.

[220] Vgl. Polnoe Sobranie Zakonov Rossijskoj Imperii, Nr. 28857, 1821; Woltner, M., Das wolgadeutsche Bildungswesen und die russische Schulpolitik (1937), S. 111; Schmal und Woltner geben dagegen wieder, dass dies bereits am 2. Juli 1815 durch eine Schulverordnung, also noch vor Feßlers Amtszeit, geschah. Vgl. Schmal, P., Beiträge zur Geschichte der Volksbildung in den Wolgakolonien (1929), S. 649-650; Woltner, M., Das wolgadeutsche Bildungswesen und die russische Schulpolitik (1937), S. 94-96.

diese Umwälzungen gegenüber den Kolonisten-Gemeinden und deren Widerstand durchsetzte, betrachtet Bonwetsch als den wohl größten Verdienst des Saratover Bischofs.[221]

Darüber hinaus versuchte Feßler durch öffentliche Schulprüfungen in den Gemeinden den Ehrgeiz von Lehrern und Schülern zu wecken und die Aufmerksamkeit der Gemeinden auf die Unhaltbarkeit der bestehenden Zustände im Schulwesen zu richten.[222] In dieselbe Richtung geht der Beschluss des Konsistoriums aus dem Jahre 1820. Dieser besagt, dass nur diejenigen konfirmiert werden sollten, die auch im Stande sind ordentlich zu lesen. Von den männlichen Konfirmanden wurde zusätzlich gefordert, dass sie auch leserlich schreiben können.[223] Zudem wurden beim sogenannten Brautexamen die jungen Kolonisten, die sich zum kirchlichen Verlöbnis meldeten, in der biblischen Geschichte, im Katechismus und im Lesen geprüft. Den Heiratswilligen wurde die Trauung bei fehlendem Wissen vorenthalten.[224] Auf der Wiesenseite allein im Jahre 1821 betraf dies bei der Prüfung von 3.453 Ledigen 526 Kolonisten.[225] Ferner sorgte Feßler bestmöglich für die Erweiterung und Modernisierung der Schulräumlichkeiten.[226]

Nachdem Feßler somit ein gewisses Maß an sozialer Absicherung und eine gewisse Autorität für die Schulmeister erkämpft hatte, wagte er sich auch an den „Krebsschaden des wolgadeutschen Schulwesens", die Ausbildung der Lehrer, gleichfalls heran.[227] Er legte dem Kontor ein Reformprogramm vor, welches neben den bereits bestehenden Kirchenschulen auch höhere Volksschulen vorsah. Aus diesen Schulen sollten letztlich die zukünftigen Gemeindevorsteher und Lehrer hervorgehen, welche in einem zu gründendem Lehrerseminar noch ihre weitere Ausbildung empfangen sollten. Die Regierung lehnte Feßlers Pläne jedoch vollständig ab, mit der Empfehlung die Kolonistenkinder in den russischen Volksschulen, Gymnasien und Universitäten der Region ausbilden zu lassen. Zusätzlich

---

[221] Vgl. Bonwetsch, G., Geschichte der deutschen Kolonien an der Wolga (1919), S. 77.

[222] Vgl. Bonwetsch, G., Geschichte der deutschen Kolonien an der Wolga (1919), S. 78; Woltner, M., Das wolgadeutsche Bildungswesen und die russische Schulpolitik (1937), S. 110.

[223] Vgl. Kahle, W., Zum Verhältnis von Kirche und Schule in den deutschen Siedlungen an der Wolga bis zum Ausbruch des Ersten Weltkrieges (1994), S. 231.

[224] Vgl. Bonwetsch, G., Geschichte der deutschen Kolonien an der Wolga (1919), S. 78; Feßler, I., Rückblicke auf eine siebzigjährige Pilgerschaft (1824), 242; Woltner, M., Das wolgadeutsche Bildungswesen und die russische Schulpolitik (1937), S. 114.

[225] Vgl. Feßler, I., Rückblicke auf eine siebzigjährige Pilgerschaft (1824), 245.

[226] Vgl. Barton, P. F., Ignatius Aurelius Feßler (1969), S. 513.

[227] Barton, P. F., Ignatius Aurelius Feßler (1969), S. 513.

erklärte das Kontor, dass man den Wolga-Kolonisten die zusätzliche finanzielle Last zur Unterhaltung eines Lehrerseminars nicht aufbürden möchte.[228] Im Ergebnis kam die Errichtung einer Lehrerausbildungsstätte somit nicht zur Ausführung. Feßler wurde schließlich nach der Aufhebung des Saratover Konsistoriums im Jahre 1833 aus den Wolga-Kolonien abberufen.[229]

5.5.3. Kampf um Lehrerseminare

Dabei waren Feßlers Vorschläge zur Gründung eines Lehrerseminars nicht neu.[230] Bereits Professor Johann Friedrich Erdmann legte nach seinen Schulvisitationen in den Wolga-Kolonien dem Saratover Kontor im Jahre 1815 seine Reformvorschläge für die Heranbildung geeigneter Lehrkräfte vor. Erdmann forderte die Errichtung eines Lehrerseminars, in welchem die künftigen Schulmeister neben den bisherigen religiösen Fächern der Kirchenschulen, auch in Geschichte, Geographie, Naturkunde und Russisch ausgebildet werden sollten.[231] Das Saratover Kontor erwiderte:

> „Da weder entsprechende Lehrer noch Kapital, womit man ein Lehrerseminar gründen könnte, vorhanden sind, glaubt das Kontor vorläufig die Schulen so zu lassen, wie sie sind. Um aber die Möglichkeit zu schaffen, in der Zukunft das Volksbildungswesen zu verbessern, muß eine materielle Grundlage geschaffen werden."[232]

Die regionale Regierung begnügte sich mit dieser Feststellung. Schritte zur Beschaffung des notwendigen Kapitals für die Errichtung eines Lehrerseminars wurden nicht unternommen. Fast gleichzeitig mit Erdmann äußerte auch der Kurator

---

[228] Vgl. Woltner, M., Das wolgadeutsche Bildungswesen und die russische Schulpolitik (1937), S. 120.

[229] Vgl. Bonwetsch, G., Geschichte der deutschen Kolonien an der Wolga (1919), S. 77-80. German, Ilarionova und Pleve geben wieder, dass Feßler im Jahre 1834 abgesetzt wurde, vgl. German, A. A./ Ilarionova, T. S./ Pleve, I. R., Istorija nemcev Rossii (2005), S. 116. Woltner spricht auch davon, dass die „Glieder" des Evangelischen Konsistoriums in Saratov „in gleicher Weise nach Moskau versetzt wurden." Von einer Aufhebung des Konsistoriums ist nicht die Rede, vgl. Woltner, M., Das wolgadeutsche Bildungswesen und die russische Schulpolitik (1937), S. 137.

[230] Vgl. Ditc, Ja. E., Istorija povolžskich nemcev-kolonistov (1997), S. 349.

[231] Vgl. Bonwetsch, G., Geschichte der deutschen Kolonien an der Wolga (1919), S. 76; Woltner, M., Das wolgadeutsche Bildungswesen und die russische Schulpolitik (1937), S. 97-100.

[232] Zitiert nach Schmal, P., Beiträge zur Geschichte der Volksbildung in den Wolgakolonien (1929), S. 776.

des Petersburger Lehrbezirks Sergej Uvarov die Unentbehrlichkeit einer Ausbildungsstätte für die Gemeindeschulen, jedoch verliefen auch seine Forderungen im Sande.[233] Im Jahre 1825 versuchte Pastor Carl Friedrich Georg Conrady – offensichtlich von Feßler inspiriert – das Saratover Kontor von einer weltlichen höheren Schule im Wolga-Gebiet zu überzeugen, deren Absolventen später als Dorfschulzen, Gemeindeschreiber und mögliche Lehrer in den Wolga-Kolonien tätig sein sollten. Diese Lehranstalt sollte laut Conrady dem Kontor und nicht der Geistlichkeit unterstehen. Außerdem hob er besonders hervor, dass die Unterrichtung der russischen Sprache in dieser Schule nicht nur für die Kolonisten im Umgang mit der russischen Bevölkerung von Vorteil ist, sondern auch speziell für die Orts- und Kreisbeamten des Kontors bei der Verwaltung der deutschen Kolonien.[234] Dadurch fanden Conradys Vorschläge bei der Saratover Lokalregierung „vollste Billigung".[235] Jedoch lehnte drei Jahre später am 3. Oktober 1828 das Innenministerium in St. Petersburg Conradys Pläne ab. Das Innenministerium zweifelte erneut die Erfolgsaussichten einer solchen Schule aufgrund der fehlenden Finanzierung und dem Mangel an geeigneten Lehrern an.[236]

Erst der polnische Aufstand 1830 und 1831 rief eine Revision in der Einstellung der zaristischen Regierung zu den nicht großrussischen Volkstämmen im Russischen Reich hervor.[237] Damit ging auch eine andere Haltung der russischen Zentralmacht zu den deutschen Wolga-Kolonisten einher. Wurden diese bisher jahrzehntelang ausschließlich von ökonomischen Gesichtspunkten aus betrachtet, ihre nationalen Belange respektiert oder gar gefördert, erwachte nun der Wunsch die Wolgadeutschen im großrussischen Volkstum aufgehen zu lassen. Zum Werkzeug dieser „Russifizierungstendenzen" – wie Woltner sie nennt – wurde auch das Schulwesen auserkoren.[238] Und so griff das Kontor in Saratov Conradys Vorschläge von 1825 teilweise wieder auf und beantragte fünf Schulen in den Wolga-

---

[233] Vgl. Woltner, M., Das wolgadeutsche Bildungswesen und die russische Schulpolitik (1937), S. 101-103.

[234] Vgl. Woltner, M., Das wolgadeutsche Bildungswesen und die russische Schulpolitik (1937), S. 122 und 132.

[235] Woltner, M., Das wolgadeutsche Bildungswesen und die russische Schulpolitik (1937), S. 132.

[236] Vgl. Woltner, M., Das wolgadeutsche Bildungswesen und die russische Schulpolitik (1937), S. 133.

[237] Vgl. Neutatz, D., Zwischen Spracherhalt und Assimilierung (1996), S. 63-64.

[238] Woltner, M., Das wolgadeutsche Bildungswesen und die russische Schulpolitik (1937), S. 146.

Kolonien zu eröffnen, die in einem sechsjährigen Lehrgang Schulmeister ausbilden sollten. Diese sollten insbesondere des Russischen mächtig sein. Nach Ablauf dieser sechs Jahre sollten diese Lehranstalten wieder geschlossen werden. Das entspricht dem Konzept einer „Schule auf Zeit".[239] Das Innenministerium traf darauf hin folgende Verfügung:

> „Zur Vermeidung der Ausgaben, welche die Errichtung dieser Schulen erforderlich macht, in den Saratover Kolonien vorderhand nur zwei solcher Schulen mit je 25 Schülern für eine derselben zu gründen."[240]

Außerdem wurde der Lehrgang auf vier Jahre beschränkt.[241] Und so wurden am 30. August 1834 die beiden sogenannten Kreisschulen[242] eröffnet, die eine in Grimm[243] für die Kolonisten der Bergseite, die andere in Katharinenstadt auf der Wiesenseite. Beide Schulen mussten – wie die Kirchenschulen – vollständig von den wolgadeutschen Gemeinden finanziert werden. Die Ergebnisse dieser beiden Kreisschulen blieben in der Folge jedoch hinter den Erwartungen des Saratover Kontors zurück. Zum einen schaffte es die Regierung nicht vollständig das anfängliche Misstrauen der Kolonisten gegenüber diesen beiden Schulen und ihren Widerstand aufgrund der finanziellen Belastung zu zerstreuen. So mussten die Kolonisten förmlich dazu gezwungen werden ihre Kinder auf diese Schulen zu schicken. Zum anderen war das Unterrichtsniveau der beiden Institutionen sehr niedrig, da dort ehemalige Beamte des Kontors ohne jegliche pädagogischen

---

[239] Vgl. Bourret, J.-F., Der Russisch-Unterricht im volgadeutschen Schulwesen bis zum Ersten Weltkrieg (1990), S. 147; Woltner, M., Das wolgadeutsche Bildungswesen und die russische Schulpolitik (1937), S. 147 und 149.

[240] Zitiert nach Schmal, P., Beiträge zur Geschichte der Volksbildung in den Wolgakolonien (1929), S. 922.

[241] Vgl. Schmal, P., Beiträge zur Geschichte der Volksbildung in den Wolgakolonien (1929), S. 922; Woltner, M., Das wolgadeutsche Bildungswesen und die russische Schulpolitik (1937), S. 149.

[242] Bonwetsch und Stricker bezeichnen diese Schulen als „russische Schulen", vgl. Bonwetsch, G., Geschichte der deutschen Kolonien an der Wolga (1919), S. 79; Stricker, G., Deutschsprachige Bildungseinrichtungen im Russischen Reich und in der Sowjetunion (1988), S. 166. Luchterhandt benutzt den Begriff „Sechsjahresschulen", vgl. Luchterhandt, O., Die Rechtsstellung der Deutschen vor und nach der Aufhebung der Privilegien (1994), S. 109. Im Russischen wurden diese Schulen als училище bezeichnet, vgl. Ditc, Ja. E., Istorija povolžskich nemcev-kolonistov (1997), S. 352.

[243] In mancher Literatur taucht diese Stadt auch unter dem russischen Namen Lesnoy-Karamysch beziehungsweise Lesnoy-Karamysh auf, vgl. Kufeld, J., Die Deutschen Kolonien an der Wolga (2000), S. 216.

Kenntnisse als Lehrer eingesetzt wurden und kein festgelegtes und geregeltes Unterrichtsprogramm geschaffen wurde.[244] Da diese Schulen die zukünftigen Lehrer auch nicht gleichzeitig auf das Küsteramt – also die kirchlich-gottesdienstliche Komponente ihrer bevorstehenden Tätigkeit – vorbereiteten, wurde der Mangel an wirklich geschulten, des Russisch mächtigen Schulmeistern für die Kirchenschulen der Kolonien nicht ernstlich behoben.[245]

Und so versuchte das Kontor in Saratov durch die Verschmelzung der beiden Kreisschulen zu einer sogenannten Zentralschule[246] in Katharinenstadt im Jahre 1857 mehr den Anforderungen des wolgadeutschen Schulwesens nach ausgebildeten Küsterlehrern gerecht zu werden.[247] Der Zweck der Zentralschule blieb derselbe wie bei den Kreisschulen, nämlich die Heranbildung von russischsprachigen Lehrern, jedoch mit der Bedingung, dass diese auch in religiösen Fächern unterrichtet wurden, um in den Kirchenschulen der Kolonien zu lehren. Die Zentralschulen wurden in der Folge in den Jahren 1866, 1872 und 1879 weiter ausgebaut und das Programm ergänzt. Außerdem eröffnete man 1866 in Grimm eine zweite Zentralschule dieser Art. Schmidt beurteilte den Erfolg dieser beiden Lehranstalten wie folgt:

> „Die Zentralschulen waren keine Küster-Lehrerseminare im vollen Sinne des Wortes. Sie waren aber lange Jahre hindurch, ja man kann sagen bis zur Oktoberrevolution, die einzigen Lehranstalten, welche gesellschaftliche Arbeiter (Lehrer, Schreiber, Küster usw. usw.) für die Wolgakolonien lieferten."[248]

Auch Kufeld hebt hervor, dass „die Errichtung dieser beiden Anstalten, den einzigen Licht- und Glanzpunkt [...] in der ganzen Geschichte des Schulwesens an

---

[244] Vgl. Ditc, Ja. E., Istorija povolžskich nemcev-kolonistov (1997), S. 352; Mattern, A., Die Grimmer Zentralschule (1924), S. 73; Schmidt, D., Studien über die Geschichte der Wolgadeutschen (1930), S. 246; Woltner, M., Das wolgadeutsche Bildungswesen und die russische Schulpolitik (1937), S. 149-150.

[245] Vgl. Bonwetsch, G., Geschichte der deutschen Kolonien an der Wolga (1919), S. 79; Ditc, Ja. E., Istorija povolžskich nemcev-kolonistov (1997), S. 352; Kufeld, J., Die Deutschen Kolonien an der Wolga (2000), S. 217; Schmidt, D., Studien über die Geschichte der Wolgadeutschen (1930), S. 246; Stricker, G., Deutschsprachige Bildungseinrichtungen im Russischen Reich und in der Sowjetunion (1988), S. 166.

[246] Im Russischen wurde die Zentralschule in Katharinenstadt als Екатериненштадтское центральное училище bezeichnet, vgl. Ditc, Ja. E., Istorija povolžskich nemcev-kolonistov (1997), S. 353.

[247] Vgl. Schmidt, D., Studien über die Geschichte der Wolgadeutschen (1930), S. 246-247.

[248] Schmidt, D., Studien über die Geschichte der Wolgadeutschen (1930), S. 247.

der Wolga bildet."[249] Stricker und Ditc geben dagegen wieder, dass die Zahl an ausgebildeten Schulmeistern an diesen beiden Zentralschulen ebenfalls „relativ gering blieb".[250] Auch wird attestiert, dass die beiden Zentralschulen ihrem Zweck nicht genügten und die Unterrichtung von Küsterlehrern daher oftmals auf privatem Wege geschah. Entweder unterrichteten ältere, im Amt bewährte Schulmeister oder auch Pastoren die junge Lehrergeneration.[251]

5.6. „Russifizierung" des Schulwesens

Parallel mit der Gründung der beiden Kreisschulen im Jahre 1834 ging auch ein zunehmender Druck seitens der zaristischen Regierung auf die deutschen Wolga-Kolonisten einher, die russische Staatssprache zu erlernen. Die Ursache für diesen einläutenden Prozess lieferte unter anderem der offizielle Rechenschaftsbericht des Gouverneurs von Saratov aus dem Jahre 1833. In diesem Bericht äußerte der Politiker, dass die deutschen Kolonisten keinerlei Neigung für das Russische zeigen[252]:

> „Wenige der Kolonisten können sich auf Russisch und dann nur mit Mühe verständigen; alle halten sie sich für Deutsche, unsere Gesetze kennen sie nicht; sie erfüllen die polizeilichen Anforderungen und Lasten langsam und bemühen sich augenfällig, eine jede Berührung mit Russen zu vermeiden."[253]

Dabei waren die Ursachen für die mangelnden Russischkenntnisse der deutschen Siedlerschaft mannigfaltig. Die Bevölkerung der Kolonien sah bis in die 1830er Jahre keine Notwendigkeit zum Erlernen der russischen Sprache. Dies hing auch

---

[249] Kufeld, J., Die Deutschen Kolonien an der Wolga (2000), S. 217.

[250] Stricker, G., Die Schulen der Wolgadeutschen in der zweiten Hälfte des 19. Jahrhunderts (1994), S. 255. Vgl. auch Ditc, Ja. E., Istorija povolžskich nemcev-kolonistov (1997), S. 354-355.

[251] Vgl. Kufeld, J., Die Deutschen Kolonien an der Wolga (2000), S. 342.

[252] Vgl. Süss, W., Das Schulwesen der deutschen Minderheit in Russland (2004), S. 168; Woltner, M., Das wolgadeutsche Bildungswesen und die russische Schulpolitik (1937), S. 146-147.

[253] Zitiert nach Woltner, M., Das wolgadeutsche Bildungswesen und die russische Schulpolitik (1937), S. 146-147.

damit zusammen, dass die wolgadeutschen Kolonien geschlossen und nicht in direkter Angrenzung zu den russischen Siedlungen angelegt wurden.[254] Des Weiteren unterbanden in den Anfangsjahren der Kolonisation die Instruktionen des Kontors in Saratov eine Annäherung zwischen deutscher und russischer Bevölkerung an der Wolga. So konnten die Deutschen nur mit Erlaubnis des russischen Kreiskommissars Verträge mit russischen Handelspartnern abschließen. Auch mussten sich die deutschen Kolonisten für die Fahrten in die weiter entfernten russischen Ansiedlungen beim Kontor zusätzliche Pässe ausstellen lassen. Hinzu kam – so Busch – dass den deutschen Bauern eine „konservative Zähigkeit" innewohnte, weshalb das Deutschtum so lange in den Kolonien überdauern konnte.[255] Außerdem mangelte es innerhalb der Kolonien an finanziellen Mitteln zur Einstellung russischer Lehrer. Waren die nötigen Mittel vorhanden, mangelte es an ausgebildeten Schulmeistern, die die russische Sprache beherrschten. Und dies wiederum hängt damit zusammen, dass sich das Kontor erst sechs Jahrzehnte nach der Ansiedlung ernstlich um Lehrerausbildungsstätten bemühte.[256]

Nichts desto trotz versuchte die Zarenregierung ab 1871 verstärkt auf kultureller, politischer und sprachlicher Ebene die russische Vormachtstellung auch bei den wolgadeutschen Kolonisten hervorzuheben. Diese Tendenz hatte – wie belegt – bereits mit der Einsetzung russischer Lehrer in den beiden Zentralschulen ihren Ausdruck gefunden.[257] Im Jahre 1871 wurden schließlich die Kolonistengesetze und somit die rechtliche Sonderstellung samt der inneren Jurisdiktion der Wolgadeutschen aufgehoben.[258] 1874 wurde das Saratover Kontor der Deutschen aufgelöst.[259] Die Kolonien wurden in die beiden Gouvernements Saratov und Samara

---

[254] Vgl. Bourret, J.-F., Der Russisch-Unterricht im volgadeutschen Schulwesen bis zum Ersten Weltkrieg (1990), S. 143.

[255] Busch, E. H., Ergänzungen der Materialien zur Geschichte und Statistik des Kirchen- und Schulwesens der Ev.-Luth. Gemeinden in Rußland (1867), S. 363.

[256] Vgl. Beratz, G., Die deutschen Kolonien an der unteren Wolga in ihrer Entstehung und ersten Entwickelung (1923), S. 272-274; Russkich, E. V., Central'nye russkie učilišča v nemeckich kolonijach na Volge (1996), S. 299; Süss, W., Das Schulwesen der deutschen Minderheit in Russland (2004), S. 170.

[257] Vgl. Kahle, W., Zum Verhältnis von Kirche und Schule in den deutschen Siedlungen an der Wolga bis zum Ausbruch des Ersten Weltkrieges (1994), S. 236.

[258] Vgl. Bourret, J.-F., Der Russisch-Unterricht im volgadeutschen Schulwesen bis zum Ersten Weltkrieg (1990), S. 148; Schmidt, D., Studien über die Geschichte der Wolgadeutschen (1930), S. 332-333.

[259] Kahle spricht davon, dass das Kontor nach Jahren der Überleitung erst 1876 geschlossen wurde, vgl. Kahle, W., Zum Verhältnis von Kirche und Schule in den deutschen Siedlungen an der Wolga bis zum Ausbruch des Ersten Weltkrieges (1994), S. 235.

eingegliedert. Außerdem wurde im selben Jahr die Befreiung der Wolgadeutschen vom Militärdienst abgeschafft und es ergingen zahlreiche weitere Maßnahmen zur Gleichsetzung der Deutschen mit den übrigen Reichsbewohnern. Mit dem Erlass vom 2. Mai 1881 wurden die deutschen Kolonistenschulen dem Ministerium für Volksaufklärung unterstellt. Gleichzeitig war die Geistlichkeit ab diesem Zeitpunkt nur noch für die Überwachung des Religionsunterrichts zuständig.[260] Auch die Zentralschulen gingen in die russische Verwaltung über und wurden im gleichen Schritt zu Ministerialschulen umbenannt.[261] Im Jahre 1889 wurde die Verdoppelung der unterrichteten Fächer in russischer Sprache verlangt.[262] 1897 forderte die Zarenregierung schließlich per Gesetz, dass der Unterricht vornehmlich in russischer Sprache abgehalten werden sollte[263]:

> „[...] dem Ministerium für Volksaufklärung das Recht zu gewähren, nach Möglichkeit schrittweise in den Schulen der Ansiedler-Gutsbesitzer (den ehemaligen deutschen Kolonisten) den Unterricht in russischer Sprache einzuführen, allerdings so, dass die Muttersprache der Lernenden und die Religion ihrer Konfession in ihrer eigenen Muttersprache unterrichtet werden, insoweit dies zum gebührlichen Erlernen dieser Fächer notwendig ist."[264]

In Zahlen ausgesprochen sollten an den Kirchenschulen zwölf Stunden Religion und Gesang in deutscher Sprache und 18 Stunden in Russisch, Rechnen und anderen Fächern unterrichtet werden.[265] Dazu sollten die bisherigen deutschen Schulmeister ab 1891 innerhalb von zwei Jahren ein russischsprachiges Examen an einer russischen Lehrerausbildungsanstalt ablegen oder aber die Schulbehörde schickte einen russischen Lehr in die jeweilige Kolonie, was häufig der Fall

---

[260] Vgl. Neutatz, D., Zwischen Spracherhalt und Assimilierung (1996), S. 63; Schmidt, D., Studien über die Geschichte der Wolgadeutschen (1930), S. 332; Süss, W., Das Schulwesen der deutschen Minderheit in Russland (2004), S. 234.

[261] Vgl. Richter-Eberl, U., Lutherisch, katholisch oder deutsch? (1994), S. 165.

[262] Vgl. Schmidt, D., Studien über die Geschichte der Wolgadeutschen (1930), S. 332; Stricker, G., Die Schulen der Wolgadeutschen in der zweiten Hälfte des 19. Jahrhunderts (1994), S. 264.

[263] Vgl. Stricker, G., Die Schulen der Wolgadeutschen in der zweiten Hälfte des 19. Jahrhunderts (1994), S. 264.

[264] Zitiert nach Süss, W., Das Schulwesen der deutschen Minderheit in Russland (2004), S. 246, Quelle: Gosudarstvennyj Archiv Saratovskoj Oblasti (GASO), F. 13, op. 1, d. 4155, l. 105 ob.

[265] Vgl. Bourret, J.-F., Der Russisch-Unterricht im volgadeutschen Schulwesen bis zum Ersten Weltkrieg (1990), S. 151.

war.²⁶⁶ Dabei kam es zu innerschulischen Auseinandersetzungen aufgrund von Verständigungsschwierigkeiten zwischen den russischen Lehrern und den deutschen Schülern. Dadurch litt selbstverständlich auch die Unterrichtsqualität.²⁶⁷ Verweigerten die deutschen Gemeinden die Anstellung dieser russischen Lehrer wurden durch Schul- und Polizeibehörden die betroffenen Kirchenschulen so lange geschlossen, bis sie der Anstellung zuwilligten.²⁶⁸ Manche Inspektoren versuchten auch durchzusetzen, dass selbst der Religions- und Deutschunterricht in den Kolonien auf Russisch abgehalten werden sollte.²⁶⁹

Erst mit der russischen Revolution von 1905 gingen im wolgadeutschen Schulwesen manche Erleichterungen für die deutschen Schulen einher. So wurden die gesetzgeberischen Voraussetzungen für die Wiederherstellung der deutschen Unterrichtsprache in den Kolonistenschulen am 28. Februar 1907 geschaffen.²⁷⁰ Der Beginn des russischsprachigen Unterrichts wurde ferner auf das fünfte Schuljahr verschoben.²⁷¹ Es kam zu einer Flut von Neugründungen deutscher Schulen, wovon einen beträchtlichen Teil höhere Schulen ausmachten. Auch entstanden in dieser Zeit zahlreiche deutsche Bildungsvereine.²⁷² Mit dem Kriegsbeginn wurde diese positive Entwicklung „nicht schlagartig, aber konsequent [...] zum Stillstand gebracht".²⁷³ Dies gipfelte in dem Liquidationsgesetz von 1915.²⁷⁴

Trotz all dieser Entwicklungen ist der Begriff der „Russifizierung" umstritten. Laut Stricker ist diese Bezeichnung als solche „überaus emotionsgeladen" und wird in der „historischen Darstellung wie ein Fanal verwendet". Bei „ruhiger Be-

---

²⁶⁶ Vgl. Erbes, J., Deutsche Volksschule in unseren Wolgakolonien (1906), S. 11.

²⁶⁷ Vgl. Richter-Eberl, U., Lutherisch, katholisch oder deutsch? (1994), S. 165; Süss, W., Das Schulwesen der deutschen Minderheit in Russland (2004), S. 244-245.

²⁶⁸ Vgl. Erbes, J., Deutsche Volksschule in unseren Wolgakolonien (1906), S. 11.

²⁶⁹ Vgl. Erbes, J., Deutsche Volksschule in unseren Wolgakolonien (1906), S. 12; Stricker, G., Deutschsprachige Bildungseinrichtungen im Russischen Reich und in der Sowjetunion (1988), S. 168.

²⁷⁰ Vgl. Bourret, J.-F., Der Russisch-Unterricht im wolgadeutschen Schulwesen bis zum Ersten Weltkrieg (1990), S. 151; Stricker, G., Die Schulen der Wolgadeutschen in der zweiten Hälfte des 19. Jahrhunderts (1994), S. 265.

²⁷¹ Vgl. Schmidt, D., Studien über die Geschichte der Wolgadeutschen (1930), S. 332.

²⁷² Vgl. Süss, W., Das Schulwesen der deutschen Minderheit in Russland (2004), S. 272-278.

²⁷³Vgl. Stricker, G., Deutschsprachige Bildungseinrichtungen im Russischen Reich und in der Sowjetunion (1988), S. 168-171.

²⁷⁴ Vgl. Süss, W., Das Schulwesen der deutschen Minderheit in Russland (2004), S. 278-279.

trachtung" ergibt sich jedoch, dass die „Russifizierung" „sehr vorsichtig" beziehungsweise „konzeptionslos" vonstattenging.[275] Bourret gibt an, dass „keine konsequente Russifizierungspolitik durchgeführt wurde".[276] Vielmehr spreche „mancherlei" dafür, dass die Maßnahmen in Wirklichkeit „nicht diese Schärfe angenommen" haben wie in der „deutschen Darstellung" wiedergegeben, zumal die „extremen Jahre" sich im Grunde auf den Zeitraum zwischen 1897 und 1905 beschränkten.[277] Auch nach Neutatz muss die Periode der „Russifizierung" „differenziert betrachtet werden". So war zum einen die russische „Unifizierungspolitik" nicht „ausschließlich" gegen die Wolgadeutschen gerichtet. Es betraf auch die „slawischen Völker des Reiches, Ukrainer und Polen". Betrachtet man die russische Politik gegenüber den Deutschen genauer, „so spricht einiges dafür, den oft leichtfertigen Begriff Russifizierungspolitik zu relativieren". Denn trotz der Aufhebung des Sonderstatus der Wolgadeutschen, der verwaltungsmäßigen Vereinheitlichung, der Aufzwingung des Russischunterrichts, zielte die Zarenregierung nicht darauf ab „die Deutschen zu entnationalisieren, sie in ethnisch-kulturellem Sinn zu Russen zu machen".[278]

5.7. Das katholische wolgadeutsche Schulwesen im Besonderen

Die wolgadeutsche katholische Kirche respektive ihrer Schulen[279] blieb laut Bonwetsch „stets hinter der evangelischen Schwester beträchtlich" zurück.[280] Matthäi erstellt gar eine Rangliste, nach der das Schulwesen der Katholiken an der Wolga hinter dem Schulniveau der Mennoniten und Protestanten „erst in dritter Linie" rangiert. In „weiter Ferne" auf den vierten Rang platziert Matthäi das Schulwesen der Russen.[281] Als Gründe hierfür wird vor allem die Unterstellung der wolgadeutschen katholischen Kirche unter polnische Kirchenbehörden genannt, die sich nach den Teilungen Polens im 18. Jahrhundert vollzog. So wurden „zumeist sittlich wenig hochstehende Greise, die zudem der deutschen Sprache nicht mächtig

---

[275] Stricker, G., Die Schulen der Wolgadeutschen in der zweiten Hälfte des 19. Jahrhunderts (1994), S. 263.

[276] Bourret, J.-F., Der Russisch-Unterricht im volgadeutschen Schulwesen bis zum Ersten Weltkrieg (1990), S. 153.

[277] Stricker, G., Die Schulen der Wolgadeutschen in der zweiten Hälfte des 19. Jahrhunderts (1994), S. 263.

[278] Neutatz, D., Zwischen Spracherhalt und Assimilierung (1996), S. 63-64.

[279] Immerhin waren rund ein Drittel der ersten Kolonisten katholisch, siehe S. 10 dieser Arbeit.

[280] Bonwetsch, G., Geschichte der deutschen Kolonien an der Wolga (1919), S. 82.

[281] Matthäi, F., Die deutschen Ansiedlungen in Rußland (1866), S. 274.

waren" in die katholischen Kolonien an der Wolga entsandt.[282] Unter dieser mangelnden geistlichen Führung, die vor allem aus Litauern und Polen bestand, hatte das Schulwesen in den katholischen Dörfern zu leiden[283]:

> „Der Religionsunterricht wurde von den Schulmeistern erteilt, die sogar nicht selten, da sie auch den Küsterdienst versehen mußten, genötigt waren, denselben zu versäumen. Da die Seelsorger wegen Überbürdung nicht einmal den Religionsunterricht überwachen konnten, nahmen die Schulmeister ihn noch auf die leichte Achsel. Unabweisbare Folgen davon waren Unwissenheit in der Religion und Verrohung des Volkes und der Jugend."[284]

Daher wurde zu Beginn des 19. Jahrhunderts im Jahre 1803 dem Jesuitenorden die geistliche Betreuung der katholischen Wolga-Kolonisten übertragen. Die Jesuiten erwarben sich große Verdienste, in dem sie das Schulwesen ordneten und mit Lektüre versorgten. Doch ihre Tätigkeit währte nicht lange, denn bereits 1820 wurden sie auf Anweisung von Alexander I. aus dem Wolga-Gebiet verwiesen.[285] Nach dem Weggang der Jesuiten übernahmen abermals litauische und polnische Priester das Kirch- und Schulwesen in den katholischen Wolga-Kolonien, so dass die folgenden Jahrzehnte von einem Verfall gekennzeichnet waren.[286]

Insgesamt war, wie in den evangelischen Wolga-Dörfern auch, das Schulwesen der Katholiken in Russland eng mit der Kirche verbunden. Die Schule dort hatte streng konfessionell-katechetischen Charakter und diente in erster Linie der Vermittlung der Glaubensgrundlage als Vorbereitung zur Firmung.[287] Jedoch war das Niveau der katholischen Schulmeister in den Jahren unter der Aufsicht der litauischen und polnischen Priester bis Ende der 1860er Jahre niedriger als in den evan-

---

[282] Kessler, J. A., Geschichte der Diözese Tyraspol (1930), S. 13-14; Woltner, M., Das wolgadeutsche Bildungswesen und die russische Schulpolitik (1937), S. 49.

[283] Vgl. Stricker, G., Die Schulen der Wolgadeutschen in der zweiten Hälfte des 19. Jahrhunderts (1994), S. 246-247.

[284] Kessler, J. A., Geschichte der Diözese Tyraspol (1930), S. 14.

[285] Vgl. Woltner, M., Das wolgadeutsche Bildungswesen und die russische Schulpolitik (1937), S. 72-75.

[286] Vgl. Stricker, G., Die Schulen der Wolgadeutschen in der zweiten Hälfte des 19. Jahrhunderts (1994), S. 247-248.

[287] Vgl. Stricker, G., Die Schulen der Wolgadeutschen in der zweiten Hälfte des 19. Jahrhunderts (1994), S. 246.

gelischen Dörfern. Dies lag an den minderen Anforderungen der Geistlichkeit gegenüber den Küsterlehrern.[288] Mit der Gründung des katholischen Knaben- und Priesterseminars in Saratov im Jahre 1857 ging ein erheblicher Aufschwung im katholischen wolgadeutschen Schulwesen einher – analog zur Entwicklung der beiden Zentralschulen der protestantischen Siedler.[289]

---

[288] Vgl. Stricker, G., Die Schulen der Wolgadeutschen in der zweiten Hälfte des 19. Jahrhunderts (1994), S. 251.

[289] Vgl. Stricker, G., Die Schulen der Wolgadeutschen in der zweiten Hälfte des 19. Jahrhunderts (1994), S. 258-263.

6. Zusammenfassung

Zusammengefasst standen in der Geschichte des wolgadeutschen Schulwesens sich stets die Interessen des russischen Staates auf der einen, die der Geistlichkeit auf der zweiten und der Kolonisten auf der dritten Seite gegenüber. Diese Trojka war schwerlich auf einen Nenner zu bringen: die russische Regierung hatte den russischen Sprachunterricht als wichtigstes Kriterium für die Kolonistenschulen auserkoren, für die evangelische und katholische Kirche stand der Charakter einer Konfessionsschule im Mittelpunkt und die Kolonisten wünschten sich einen umfassenden und möglichst günstigen Unterricht für ihre Kinder.[290] Vor diesem Hintergrund lassen sich die in der Einleitung aufgeworfenen Leitfragen zu der allgemeinen Entwicklung des wolgadeutschen Schulwesens und deren Hindernissen zwischen 1762 und 1917 wie folgt beantworten:

1. Trotz schwieriger sozial-ökonomischer Ausgangslage in den Wolga-Kolonien, machten sich die Deutschen umgehend daran ein geordnetes Schulwesen zu organisieren. Bereits 1767/1768 wurde das erste offizielle Schuljahr in den Kolonien abgehalten. Dabei brachten die Deutschen das veraltete System der Kirchenschulen an die Wolga, welches dort ohne größere Reformen noch ein ganzes Jahrhundert überdauerte.[291] Diese Kirchenschulen waren bis 1881 der Geistlichkeit unterstellt und der Lehrer war zugleich auch Küster in der Gemeinde. Das Lehrprogramm war demzufolge streng konfessionell-katechetisch ausgelegt, enthielt keinen Russischunterricht und diente einzig der Vorbereitung auf die Konfirmation beziehungsweise Firmung. Um den Kolonistenkindern eine bessere säkulare Ausbildung zu ermöglichen und die russische Sprache in den Kolonien zu verbreiten, entstanden Mitte des 19. Jahrhunderts schließlich zwei weitere Schulformen: private Gesellschafts- und Genossenschaftsschulen sowie staatliche deutsche Zemstvo-Schulen. Durch das breitere Unterrichtsprogramm, besser ausgebildete Lehrer, kleinere Klassen und die Förderung durch den Staat, fanden diese beiden Schultypen schnell großen Zuspruch in den Wolga-Kolonien.
2. Dabei hatte das wolgadeutsche Schulwesen im Laufe dieser Entwicklungen zahlreiche Hindernisse zu überwinden: mangelnde Ausstattung der Unterrichtsräume, ungeeignete Unterrichtsmaterialien, Unterbezahlung und

---

[290] Vgl. Stricker, G., Die Schulen der Wolgadeutschen in der zweiten Hälfte des 19. Jahrhunderts (1994), S. 253-254.

[291] Vgl. Bourret, J.-F., Der Russisch-Unterricht im volgadeutschen Schulwesen bis zum Ersten Weltkrieg (1990), S. 143.

Überforderung der Schulmeister, uneinsichtige Eltern, überfüllte Klassen und schließlich fehlende Lehrerausbildungsstätten. Superintendent Feßler, der bis 1833 mit Machtbefugnissen ausgestattet war wie kein anderer zuvor, konnte hier retten „was dem Untergang geweiht schien", so dass er – laut Woltner – aus der Geschichte des wolgadeutschen Bildungswesens nicht mehr wegzudenken ist.[292]

Jedoch vermochte auch Feßler nicht das größte Problem zu beseitigen und die dringend benötigten Lehrerseminare zu initiieren. Dies geschah erst im Jahre 1857 mit der Gründung der Zentralschule in Katharinenstadt, wobei die Effizienz dieser Institution umstritten ist. Die Gründe für den Verzug werden unterschiedlich bewertet. Beratz, Kufeld, Stricker und Süss geben an, dass die russische Regierung Lehrerseminare in den wolgadeutschen Kolonien partout nicht unterstützte.[293] Woltner argumentiert ähnlich, pflichtet aber der zaristischen Regierung bei, dass die Heranbildung von Grundschullehrern zur damaligen Zeit in Russland „noch völlig neu" war.[294] Bonwetsch und Stricker belegen wiederum, dass die deutschen Kolonisten eine Mitschuld hatten, da sie sich „reserviert oder passiv"[295] gegenüber Reformen stellten und mit „ihrem zähen Konservatismus"[296] nur schwerlich zu Neuerungen zu bewegen waren. Schmidt zeigt schließlich auf, dass neben den Behörden auch die Geistlichen die Verspätung von Lehrerseminaren mitzuverantworten haben, denn als Staatsbeamte wagten sie es nicht „sich mit der Regierung ernstlich über die Schulfrage einzulassen".[297]

---

[292] Woltner, M., Das wolgadeutsche Bildungswesen und die russische Schulpolitik (1937), S. 113.

[293] Vgl. Beratz, G., Die deutschen Kolonien an der unteren Wolga in ihrer Entstehung und ersten Entwickelung (1923), S. 256, 267-268 und 271; Kufeld, J., Die Deutschen Kolonien an der Wolga (2000), S. 218; Stricker, G., Die Schulen der Wolgadeutschen in der zweiten Hälfte des 19. Jahrhunderts (1994), S. 253; Süss, W., Das Schulwesen der deutschen Minderheit in Russland (2004), S. 166.

[294] Woltner, M., Das wolgadeutsche Bildungswesen und die russische Schulpolitik (1937), S. 101-102.

[295] Stricker, G., Die Schulen der Wolgadeutschen in der zweiten Hälfte des 19. Jahrhunderts (1994), S. 253.

[296] Bonwetsch, G., Geschichte der deutschen Kolonien an der Wolga (1919), S. 81.

[297] Schmidt, D., Studien über die Geschichte der Wolgadeutschen (1930), S. 203.

Ende des 19. Jahrhunderts bremsten letztlich auch die „Russifizierungstendenzen" die Entwicklung des wolgadeutschen Schulwesens. Durch die erzwungene Anstellung russischer Lehrer und der unmittelbaren Einführung des Russischen als Unterrichtssprache entgegen pädagogischer Prinzipien[298], kam es häufig zu der „grotesken Situation, daß eine Verständigung zwischen Lehrer und Schüler gar nicht möglich war".[299]

Letztlich hatte das wolgadeutsche Schulwesen auch mehr Hindernisse als die deutschen Schulen im Schwarzmeergebiet zu überwinden. Das lag daran, dass die Wolga-Kolonien stets isoliert von westlichen Einflüssen waren und schwierigere Ausgangsbedingungen vorfanden.[300] Diese Isolation gepaart mit den wirtschaftlichen Problemen der ersten Jahrzehnte nahmen der Bildung in den Kolonien „faktisch jede Entwicklungsmöglichkeit".[301] Verglichen mit den russischen Schulen im Wolga-Gebiet zur damaligen Zeit, war das deutsche Schulwesen allerdings „beispielhaft"[302], denn in den russischen Dörfern existierte kein analoges Bildungssystem.[303] Und so ist man geneigt Kufeld zuzustimmen: „In einer Zeit, wo noch in ganz Russland Dunkelheit herrschte [...] verbreiteten schon in den Wolga-Kolonien Schulen Licht, wenn auch nur ein Schimmerlicht".[304]

---

[298] Vgl. Süss, W., Das Schulwesen der deutschen Minderheit in Russland (2004), S. 247.

[299] Vgl. Stricker, G., Deutschsprachige Bildungseinrichtungen im Russischen Reich und in der Sowjetunion (1988), S. 167.

[300] Vgl. Hölzl, J., Das Schulwesen der deutschen Minderheit in Russland (2013), S. 73-74; Kahle, W., Zum Verhältnis von Kirche und Schule in den deutschen Siedlungen an der Wolga bis zum Ausbruch des Ersten Weltkrieges (1994), S. 229 Woltner, M., Das wolgadeutsche Bildungswesen und die russische Schulpolitik (1937), S. 3, 40 und 75.

[301] Süss, W., Das Schulwesen der deutschen Minderheit in Russland (2004), S. 159.

[302] Kahle, W., Zum Verhältnis von Kirche und Schule in den deutschen Siedlungen an der Wolga bis zum Ausbruch des Ersten Weltkrieges (1994), S. 234.

[303] Vgl. German, A. A./ Ilarionova, T. S./ Pleve, I. R., Istorija nemcev Rossii (2005), S. 77; Süss, W., Das Schulwesen der deutschen Minderheit in Russland (2004), S. 158-159.

[304] Kufeld, J., Die Deutschen Kolonien an der Wolga (2000), S. 214.

Bibliographie

Quellenverzeichnis

Fechner, Andreas Wilhelm
Chronik der evangelischen Gemeinden in Moskau, Band I., Moskau 1876.

Feßler, Ignaz
Rückblicke auf eine siebzigjährige Pilgerschaft, Breslau, 1824.

Fischer, Gustav
Erinnerungen aus meiner Schulzeit, in: Unsere Wirtschaft, Nr. 16, Marxstadt 1925.

Polnoe Sobranie Zakonov Rossijskoj Imperii (PSZ)   Band 26, Nr. 19562, Kolonialkodex § 387, St. Petersburg.

Polnoe Sobranie Zakonov Rossijskoj Imperii (PSZ)   Band 36, Nr. 27953, St. Petersburg, 25. Oktober 1819.

Polnoe Sobranie Zakonov Rossijskoj Imperii (PSZ)   Band 37, Nr. 28857, St. Petersburg, 31. Dezember 1821.

Gosudarstvennyj Archiv Saratovskoj Oblasti (GASO)   F. 13, d. 3100, 1. 26, Saratov.

Gosudarstvennyj Archiv Saratovskoj Oblasti (GASO)   F. 13, op. 1, d. 4155, l. 105 ob, Saratov.

Gosudarstvennyj Archiv Volgogradskoj Oblasti (GAVO)   1. 50, Volgograd.

Korb, Johann Georg
Tagebuch der Reise nach Russland, hrsg. von Korb, Gerhard, Graz 1968.

Pallas, Peter Simon
Reise durch verschiedene Provinzen des russischen Reichs, dritter Theil: vom Jahr 1772 und 1773, St. Petersburg 1776.

Saratowsche Deutsche Zeitung
Kurze Beleuchtung des Artikels über das Schulwesen in den evangelischen Kolonien, Nr. 45 und 46, Saratow 1865.

Saratowsche Deutsche Zeitung
Schulwesen in den Kolonien, Nr. 29, Saratow, 12. Februar 1865.

Züge, Christian Gottlob
Der russische Colonist oder Christian Gottlob Züge's Leben in Rußland, Bremen 1988.

Literaturverzeichnis

Amburger, Erik
Deutsche in Staat, Wirtschaft und Gesellschaft Rußlands. Die Familie Amburger in St. Petersburg 1770-1920, Wiesbaden 1986.

Andreev, Aleksandr Ignat'evič
Osnovanie Akademii nauk v Peterburge, in: Andreev, A. I. (Hrsg.), Pëtr Velikij. Sbornik statej, Band 1, S. 284-333, Moskau 1947.

Balošina, N. Ju.
Značenie nemeckoj mental'nosti v stanovlenii ponjatija „nauka" v Rossii, in: Borisov, Jurij S. (Hrsg.), Rossija i vnešnij mir: dialog kul'tur. Sbornik statej, S. 207-215, Moskau 1997.

Bartlett, Roger P.
Human Capital. The Settlement of Foreigners in Russia 1762-1804, Cambridge 1979.

Barton, Peter, F.
Ignatius Aurelius Feßler. Vom Barockkatholizismus zur Erweckungsbewegung, Wien, Köln, Graz 1969.

Bauer, Gottlieb
Geschichte der deutschen Ansiedler an der Wolga. Seit ihrer Einwanderung nach Rußland bis zur Einführung der allgemeinen Wehrpflicht (1766-1874) nach geschichtlichen Quellen und mündlichen Überlieferungen, Saratov 1908.

Beer, Mathias
Die „trockene Auswanderung", Eine thematische und forschungsgeschichtliche Einordnung, in: Beer, Mathias/ Dahl-

mann, Dittmar (Hrsg.), Migration nach Ost- und Südosteuropa vom 18. bis zum Beginn des 19. Jahrhunderts, S. 9-25, Stuttgart 1999.

Beratz, Gottlieb
Die deutschen Kolonien an der unteren Wolga in ihrer Entstehung und ersten Entwickelung. Gedenkblätter zur hundertundfünfzigsten Jahreswende der Ankunft der ersten deutschen Ansiedler an der Wolga 29. Juni 1764 – 29. Juni 1914, Berlin 1923.

Biereigel, Idmar/ Böttger, Christian/ Dittrich, Günter/ Förster, Wolfgang/ Fischer, Werner
Die Deutschen in Rußland. Der leidvolle Schicksalsweg einer Minderheit. Teil II: Die Herausbildung der Russlanddeutschen, Kathe, Hans-Joachim/ Morgenstern, Winfried (Hrsg.), Berlin 1998.

Birkner, Guido
Die ökonomische Entwicklung der deutschen Wolga-Kolonien von 1764 bis zum Beginn des 19. Jahrhunderts, in: Beer, Mathias/ Dahlmann, Dittmar (Hrsg.), Migration nach Ost- und Südosteuropa vom 18. bis zum Beginn des 19. Jahrhunderts. Ursachen, Formen, Verlauf, Ergebnis, S. 367-384, Stuttgart 1999.

Bonwetsch, Gerhard
Geschichte der deutschen Kolonien an der Wolga, Stuttgart 1919.

Bourret, Jean-François
Les Allemands de la Volga: histoire culturelle d'une minorité 1763-1941, Lyon 1986.

Bourret, Jean-François
Der Russisch-Unterricht im volgadeutschen Schulwesen bis zum Ersten Weltkrieg, in: Fleischhauer, Ingeborg/ Jedig, Hugo H. (Hrsg.), Die Deutschen in der UdSSR in Geschichte und Gegenwart. Ein internationaler Beitrag zur deutsch-sowjetischen Verständigung, S. 143-153, Baden-Baden 1990.

Brandes, Detlef
: Die Ansiedlung von Ausländern im Zarenreich unter Katharina II., Paul I. und Alexander I., in: Stökl, Günther (Hrsg.), Jahrbücher für Geschichte Osteuropas, Band 34, S. 161-187, Wiesbaden 1986.

Brandes, Detlef
: Deutsche auf dem Dorf und in der Stadt von der Ansiedlung bis zur Aufhebung des Kolonialstatuts, in: Eisfeld, Alfred (Hrsg.), Die Russland-Deutschen, S. 11-44, München 1992.

Brandes, Detlef
: Von den Zaren adoptiert. Die deutschen Kolonisten und die Balkansiedler in Neurußland und Besserabien 1751-1914, München 1993.

Brandes, Detlef
: Die Wolgarepublik: Eigenstaatlichkeit oder nationales Gouvernement?, in: Rothe, Hans (Hrsg.), Deutsche in Russland, S. 103-130, Köln, Weimar, Wien 1996.

Brandes, Detlef   Einwanderung und Entwicklung der Kolonien, in: Stricker, Gerd (Hrsg.), Deutsche Geschichte im Osten Europas. Rußland, S. 35-110, Berlin 1997.

Brandes, Detlef
: Deutsche auf dem Dorf und in der Stadt von der Ansiedlung bis zur Aufhebung des Kolonialstatuts, in: Eisfeld, Alfred (Hrsg.), Die Russland-Deutschen, S. 11-44, München 1999.

Brandes, Detlef/ Busch, Margarete/ Pavlović, Kristine
: Bibliographie zur Geschichte und Kultur der Rußlanddeutschen, Band I: Von der Einwanderung bis 1917, Oldenbourg 1917.

Brandes, Detlef/ Neutatz, Dietmar
: Archivbestände zur Geschichte der Wolgadeutschen in Saratov und Engels, in: Forschungen zur Geschichte und Kultur der Russlanddeutschen, Band 3, S. 23-35, Essen.

Brüggen, Ernst Freiherr von der
: Wie Rußland europäisch wurde. Studien zur Kulturgeschichte, Leipzig 1885.

Busch, E. H.
Ergänzungen der Materialien zur Geschichte und Statistik des Kirchen- und Schulwesens der Ev.-Luth. Gemeinden in Rußland. Im Auftrage des Central-Comités der Unterstützungs-Kasse für Ev.-Luth. Gemeinden in Rußland, 1. Band, Leipzig, St. Petersburg 1867.

Dahlmann, Dittmar
Die Deutschen an der Wolga von der Ansiedlung 1764 bis zum Ausbruch des Ersten Weltkrieges, in: Rothe, Hans (Hrsg.), Deutsche in Russland, S. 1-30, Köln, Weimar, Wien 1996.

Dahlmann, Dittmar/ Tuchtenhagen, Ralph Zwischen Reform und Revolution. Die Deutschen an der Wolga 1860-1917, Essen 1994.

Demkov, Michail Ivanovič Vlijanie zapadno-evropejskoj pedagogiki na russkuju pedagogiku, in: Žurnal Ministerstva Naradnago Prosveščenija, Ausgabe Maj, S. 28-60, Moskau 1910.

Ditc, Jakov E.
Istorija povolžskich nemcev-kolonistov- Pod naučnoj redakciej docenta I. R. Pleve, Moskau 1997.

Eisfeld, Alfred
Deutsche Kolonien an der Wolga 1917-1919 und das Deutsche Reich, Wiesbaden 1985.

Eisfeld, Alfred
Die Russland-Deutschen, München 1992.

Erbes, Johannes
Deutsche Volksschule in unseren Wolgakolonien, in: Deutsche Volkszeitung, I. Jahrgang, Beilage Nr. 1, S. 1-16, Saratow 1906.

Erbes, Johannes
Eine Schulfrage der ersten Einwanderer an der Wolga, in: Wolgadeutsches Schulblatt, Nr. 2, Pokrovsk 1929.

Fleischhauer, Ingeborg
Die Deutschen im Zarenreich. Zwei Jahrhunderte deutsch-russische Kulturgemeinschaft, Stuttgart 1986.

Froese, Leonhard
Das pädagogische Kultursystem der mennonitischen Siedlergruppe in Rußland, Dissertation, Göttingen 1949.

Funk, Wilhelm
Deutsche als russische Kolonisten. Ausgezogen aus dem Wöhrder Traubuch 1766/1767, in: Gesellschaft für Familienforschung in Franken (Hrsg.), Blätter für fränkische Familienkunde, Nr. 1, S. 101-107, Nürnberg 1926.

German, Arkadij Adol'fovič/ Ilarionova, Tat'jana S./ Pleve, Igor' Rudol'fovič
Istorija nemcev Rossii, Učebnoe posobie, Moskau 2005.

Glitsch, Alexander
Die Geschichte der Brüdergemeinde Sarepta, Nisky 1865.

Grekov, Boris Dmitrievič
Kievskaja Rus', Moskau 1949.

Hafa, Herwig
Die Brüdergemeinde Sarepta. Ein Beitrag zur Geschichte des Wolgadeutschtums, Breslau 1936.

Haselbach, Bruno
Einiges von den Ahnen der Rußlanddeutschen. Verzeichnis der 1765-1766 in Rosslau a.d. Elbe vor der Auswanderung getrauten Kolonisten, in: Ekkehard, Mitteilungsblatt Deutscher Genealogischer Abende, 13. Jahrgang, S. 207, Halle 1937.

Hippel, Wolfgang von
Auswanderung aus Südwestdeutschland. Studien zur württembergischen Auswanderung und Auswanderungspolitik im 18. und 19. Jahrhundert, Stuttgart 1984.

Hölzl, Julija
Das Schulwesen der deutschen Minderheit in Russland, Diplomarbeit, Wien 2013. Online einsehbar unter: http://othes.univie.ac.at/25202/, zuletzt aufgerufen am 24.01.2016.

Ischchanian, Bachschi
   Die ausländischen Elemente in der russischen Volkswirtschaft. Geschichte, Ausbreitung, Berufsgruppierung, Interessen und ökonomisch-kulturelle Bedeutung der Ausländer in Rußland, Berlin 1913.

Jenny, Ernst
   Die Deutschen im Wirtschaftsleben Russlands. Nebst Anhang: Die künftigen Beziehungen der deutschen Kolonisten in Russland zu ihrem Stammlande, Berlin 1920.

Kabuzan, Vladimir Maksimovič
   Nemeckoe naselenie v Rossii v XVIII – načale XX veka, in: Voprosy Istorii, Nr. 12, S. 18-29, Moskau 1989.

Kahle, Wilhelm
   Zum Verhältnis von Kirche und Schule in den deutschen Siedlungen an der Wolga bis zum Ausbruch des Ersten Weltkrieges, in: Dahlmann, Dittmar/ Tuchtenhagen, Ralph (Hrsg.), Zwischen Reform und Revolution. Die Deutschen an der Wolga 1860-1917, S. 224-243, Essen 1994.

Kahn, Helmut Wolfgang
   Die Deutschen und die Russen. Geschichte ihrer Beziehung vom Mittelalter bis heute, Köln 1984.

Kapterev, Petr. F.
   Istorija russkoj pedagogii, Petrograd 1915.

Karamzin, Nikolaj Michajlovič
   Istorija Gosudarstva Rossijskogo, Band 1, St. Petersburg 1842.

Kessler, Josef Alois
   Geschichte der Diözese Tyraspol, Dickinson 1930.

Kirov, A. N.
   Inostrancy v Rossii: Zakonodatel'stvo pervoj poloviny XVIII v., in: Rublevskaja, Svetlana A. (Hrsg.), Nemcy Sibiri: istorija i sovremennost', S. 87-91, Omsk 1995.

Klaus, Alexander
   Duchovenstvo i školy v našich nemeckich kolonijach, in:

Vestnik Evropy, Nr. 1, S. 138-174, Nr. 5, S. 235-274, St. Petersburg 1869.

Klaus, Alexander
Naši kolonii. Opyty i materialy po istorii i statistike inostrannoj kolonizacii v Rossii, St. Petersburg 1869.

Klaus, Alexander
Unsere Kolonien. Studien und Materialien zur Geschichte und Statistik der ausländischen Kolonisation in Russland, Hildesheim 2009.

Kufeld, Johannes
Ein interessanter Contract aus der Zeit der Einwanderung der deutschen Wolga-Kolonisten betreffend die Ansiedlung an der Wolga, in: Friedensbote auf Berg- und Wiesenseite der Wolga, Talovka 1901.

Kufeld, Johannes
Die Deutschen Kolonien an der Wolga, Nürnberg 2000.

Längin, Bernd G.
Die Rußlanddeutschen unter Doppeladler und Sowjetstern. Städte, Landschaften und Menschen auf alten Fotos, Augsburg 1991.

Long, James W.
The German Russians. A Bibliography of Russian Materials, Oxford 1979.

Long, James W.
The Volga Germans and the Zemstvos 1865-1917, in: Jahrbücher für Geschichte Osteuropas, Band 30, Heft 3, S. 336-361, Stuttgart 1982.

Long, James W.
From Privileged to Dispossesed. The Volga Germans. 1860-1917, London 1988.

Luchterhandt, Otto
Die Rechtsstellung der Deutschen vor und nach der Aufhebung der Privilegien, in: Dahlmann, Dittmar/ Tuchtenhagen, Ralph, Zwischen Reform und Revolution, Die Deutschen an der Wolga 1860-1917, S. 98-114, Essen 1994.

Maier, Lothar
Deutsche Gelehrte an der St. Petersburger Akademie der Wissenschaften im 18. Jahrhundert, in: Kaiser, Friedhelm Berthold Kaiser/ Stasiewski, Bernhard (Hrsg.), Deutscher Einfluss auf Bildung und Wissenschaft im östlichen Europa, S. 27-51, Köln, Wien 1984.

Mattern, Alexander
Die Grimmer Zentralschule, in: Unsere Wirtschaft, Nr. 3, S. 72-75, Pokrovsk 1924.

Matthäi, Friedrich
Die deutschen Ansiedlungen in Rußland. Ihre Geschichte und ihre volkswirtschaftliche Bedeutung für die Vergangenheit und Zukunft. Studien über das russische Kolonisationswesen und über die Herbeiziehung fremder Kulturkräfte nach Rußland, Leipzig 1866.

Matthäi, Friedrich
Die Industrie Rußlands in ihrer bisherigen Entwicklung und in ihrem gegenwärtigen Zustande, Band I., Gera 1871.

Neutatz, Dietmar
Zwischen Spracherhalt und Assimilierung. Rußlanddeutsche und Donauschwaben vor 1914 im Vergleich, in: Rothe, Hans (Hrsg.), Deutsche in Russland, S. 61-85, Köln, Weimar, Wien 1996.

Pauli, Ingo-Rudolf
Lübeck – Kronstadt – Saratow. Schicksalsweg der „Wolgadeutschen" 1763-1921, Flensburg 1985.

Pisarevskij, Grigorij Grigor'evič
Iz istorii inostrannoj kolonizacii v Rossii v XVIII. v., Moskau 1909.

Pisarevskij, Grigorij Grigor'evič
Chozjajstvo i forma zemlevladenija v kolonijach Povolž'ja v XVIII-m i v pervoj četverti XIX-go veka, Rostov-na-Donu 1916.

Pleve, Igor' Rudol'fovič
Manifest Ekateriny II. ot 22 ijulja 1763 g.: Obeščanija i

real'nost', in: Shervud, E. A. (Hrsg.), Rossijskie nemcy na Donu, Kavkaze i Volge, materialy Russko-Germanskoi nauchnoi konferentcii, 22–26 sentjabrja 1994 g., S. 26-32, Moskau 1995.

Pleve, Igor' Rudol'fovič
Einwanderung in das Wolgagebiet 1764-1767, Band 1, Kolonien Anton - Franzosen, hrsg. von Eisfeld, Alfred, Göttingen 1999.

Pleve, Igor' Rudol'fovič
Einwanderung in das Wolgagebiet 1764-1767, Band 2, Kolonien Galka - Kutter, hrsg. von Eisfeld, Alfred, Göttingen 2001.

Richter-Eberl, Ute
Lutherisch, katholisch oder deutsch? Aspekte der kulturellen Identität der Deutschen an der Wolga, in: Dahlmann, Dittmar/ Tuchtenhagen, Ralph (Hrsg.), Zwischen Reform und Revolution. Die Deutschen an der Wolga 1860-1917, S. 160-171, Essen 1994.

Russkago (Synonym)
O narodnom obrazovanii v nemeckich poselenijach Povolžja, in: Russkij Vestnik, Abschnitt 251, Nr. 10, S. 183-194, Moskau 1897.

Russkich, E. V.
Central'nye russkie učilišča v nemeckich kolonijach na Volge (s momenta sozdanija do konca XIX v.), in: Rossijskie nemcy. Problemy istorii, jazyka i sovremennogo položenija, S. 299-304, Moskau 1996.

Schiller, Franz
Literatur zur Geschichte und Volkskunde der deutschen Kolonien in der Sowjetunion für die Jahre 1764 – 1926, Pokrovsk 1927.

Schiller, Franz
Literatur zur Geschichte und Volkskunde der deutschen Kolonien in der Sowjetunion für die Jahre 1764 – 1926, Flensburg 1990.

Schippan, Michael
   Der Beginn der deutschen Rußlandauswanderung im 18. Jahrhundert, in: Beer, Mathias/ Dahlmann, Dittmar (Hrsg.), Migration nach Ost- und Südosteuropa vom 18. bis zum Beginn des 19. Jahrhunderts. Ursachen, Formen, Verlauf, Ergebnis, S. 47-70, Stuttgart 1999.

Schippan, Michael/ Striegnitz, Sonja
   Wolgadeutsche. Geschichte und Gegenwart, Berlin 1992.

Schmal, P.
   Beiträge zur Geschichte der Volksbildung in den Wolgakolonien, in: Wolgadeutsches Schulblatt, Nr. 1, S. 646-652, 768-776 und 919-925, Pokrovsk 1929.

Schmidt, David
   Studien über die Geschichte der Wolgadeutschen. Pokrovsk, Moskau, Charkow 1930.

Sinner, Peter
   Kurzgefaßte Geschichte der deutschen Wolgakolonien, in: Beiträge zur Heimatkunde des deutschen Wolgagebiets, S. 5-28, Pokrovsk.

Stökl, Günther
   Russische Geschichte von den Anfängen bis zur Gegenwart, Stuttgart 1965.

Stricker, Gerd
   Deutschsprachige Bildungseinrichtungen im Russischen Reich und in der Sowjetunion, in: Stiftung Ostdeutscher Kulturrat Bonn (Hrsg.), Tausend Jahre Nachbarschaft. Rußland und die Deutschen, S. 162-175, München 1988.

Stricker, Gerd
   Die Schulen der Wolgadeutschen in der zweiten Hälfte des 19. Jahrhunderts. Ein Versuch: Unter besonderer Berücksichtigung katholischer Anstalten, in: Dahlmann, Dittmar/ Tuchtenhagen, Ralph (Hrsg.), Zwischen Reform und Revolution. Die Deutschen an der Wolga 1860-1917, S. 244-266, Essen 1994.

Stricker, Gerd
Deutsche Geschichte im Osten Europas, Berlin 1997.

Stumpp, Karl
Die Lübecker Traulisten, in: Deutsches Ausland-Institut (Hrsg.), Jahrbuch der Hauptstelle für die Sippenkunde des Deutschtums im Ausland, Nr. 4, S. 111-116, Berlin, Stuttgart 1939.

Stumpp, Karl
Verzeichnis der Auswanderer aus Hessen ins Wolgagebiet in der Zeit 1763-69 und aus Westpreußen in das Gebiet Samara 1859-62, in: Landsmannschaft der Deutschen aus Rußland e.V (Hrsg.), Heimatbuch der Deutschen aus Rußland, S. 161-181, Stuttgart 1960.

Stumpp, Karl
Die Auswanderung aus Deutschland nach Rußland 1763-1862, Tübingen 1974.

Stumpp, Karl
Das Schrifttum über das Deutschtum in Rußland. Eine Bibliographie, Tübingen 1980.

Stumpp, Karl
Die Rußlanddeutschen zweihundert Jahre unterwegs, Stuttgart 1981.

Stumpp, Karl
Deutsche in Rußland und in der Sowjetunion 1793-1986. Eine kurze Übersicht, in: Kulturrat der Deutschen aus Rußland e.V., Landsmannschaft der Deutschen aus Rußland e.V. (Hrsg.), Volk auf dem Weg, S. 1-30, Stuttgart 1986.

Süss, Wladimir
Das Schulwesen der deutschen Minderheit in Russland. Von den ersten Ansiedlungen bis zur Revolution 1917, Habilitation, Köln 2004.

Tolstoj, Dmitrij A.
Vzgljad na učebnuju čast' v Rossii v XVIII stolětii do 1782 goda, St. Petersburg 1885.

Wiens, Herbert
Deutsche in Rußland und in der GUS 1763-1997, in: Kulturrar der Deutschen aus Rußland e.V., Landmannschaft der Deutschen aus Rußland e. V. (Hrsg.), Volk auf dem Weg, S. 1-41, Stuttgart 1997.

Woltner, Margarete
Das wolgadeutsche Bildungswesen und die russische Schulpolitik. Von der Begründung der Wolgakolonien bis zur Einführung des gesetzlichen Schulzwanges, Leipzig 1937.